B. DE SPINOZA

ÉTHIQUE

Première Partie

DE DIEU

Traduite et annotée par J.-G. PRAT

PRIX : 4 FRANCS

PARIS

LIBRAIRIE HACHETTE ET Cie

79, BOULEVARD SAINT-GERMAIN, 79

1880

ÉTHIQUE

Démontrée suivant l'ordre Géométrique

ET

Divisée en cinq Parties

Où l'on traite :

1° De Dieu;

2° De la nature et de l'origine de l'Ame;

3° De l'origine et de la nature des Passions;

4° De la Servitude humaine, ou de la Force des Passions;

5° De la Puissance de l'Entendement, ou de la Liberté de l'homme.

ÉTHIQUE

Première partie

DE DIEU

SOMMAIRE

Dans cette première Partie, Spinoza démontre qu'il ne peut exister, dans l'Univers infini, deux ou plusieurs Principes distincts, et opposés l'un à l'autre, qui seraient, par exemple, l'un, l'Esprit, et l'autre, la Matière ; en d'autres termes, qu'il n'y a et qu'il ne peut y avoir au monde deux ou plusieurs Substances différentes, mais qu'il n'existe qu'une *seule et unique Substance infinie*, tout à la fois Esprit et Matière, qu'il appelle Dieu, ou la Nature naturante.

De cette Substance unique ou de la *Nature naturante* ont découlé de toute éternité, découlent et découleront éternellement, sous une infinité de formes différentes, ce que Spinoza appelle les *modes* ou les *affections* de la Substance, ou encore la Nature naturée ; en d'autres termes, *toutes les choses particulières* qu'un Entendement infini peut concevoir.

Et ces choses particulières, engendrées à l'infini *et non créées*, modifications, affections de la Substance, ne font néanmoins qu'un avec elle : car le vide n'existe pas dans la nature. Elles expriment, chacune pour sa part, la réalité et la puissance infinie de Dieu ou de la Nature naturante, d'où elles découlent. Mais, vivant dans le temps et dans la durée, ces choses particulières n'ont pas l'existence nécessaire, qui appartient à la Substance infinie seule, ou à la Nature naturante.

Spinoza démontre ensuite que Dieu ou la Nature infinie, agissant perpétuellement selon les lois propres de son Être, n'a pu faire les choses autrement ni dans un autre ordre que celui où elles ont été produites.

Enfin, dans un trop court Appendice, chef-d'œuvre de haute raison philosophique et de fine ironie, abordant la question des *causes finales*, et l'origine des notions du *bien* et du *mal*, de l'*ordre* et du *désordre*, de la *beauté* et de la *laideur*, etc., Spinoza fait voir que la doctrine des causes finales n'est qu'une pure fiction humaine, et que les notions de *bien*, de *mal*, d'*ordre*, de *confusion*, de *beau*, de *laid*, etc., n'ont en soi rien d'absolu, mais sont le produit exclusif de l'imagination des hommes, persuadés que toutes les choses de la nature ont été faites uniquement en vue de leur utilité, et jugeant de la valeur de ces choses d'après les manières fort diverses dont ils en sont eux-mêmes affectés.

DÉFINITIONS

I. Par *cause de soi*, j'entends ce dont l'essence enveloppe l'existence ; en d'autres termes ce dont la nature ne peut être conçue que comme existante.

II. Une chose est dite *finie* en son genre, qui peut être limitée par une autre chose de même nature. Par exemple, le corps est dit fini, parce que nous en concevons toujours un autre plus grand. De même la pensée est limitée par une autre pensée. Mais le corps n'est pas limité par la pensée, ni la pensée par le corps.

III. Par *Substance*, j'entends ce qui est en soi, et est conçu par soi : c'est-à-dire ce dont le concept n'a pas besoin du concept d'une autre chose, à l'aide duquel il doive être formé.

IV. Par *attribut*, j'entends ce que l'entendement perçoit de la Substance, comme constituant son essence.

V. Par *mode*, j'entends les *affections* de la Substance; c'est-à-dire ce qui est en autre chose, par quoi il est aussi conçu.

VI. Par *Dieu*, j'entends l'Être *absolument infini*, c'est-à-dire la *Substance*, composée d'une infinité d'attributs, dont chacun exprime une essence éternelle et infinie.

EXPLICATION.

Je dis *absolument infini*, mais non en son genre : car tout ce qui est infini, en son genre seulement, nous en pouvons nier une infinité d'attributs. Mais ce qui est absolument infini, tout ce qui exprime une essence, appartient à son essence, et il n'enveloppe aucune négation.

VII. J'appellerai chose *libre*, celle qui existe par la seule nécessité de sa nature, et qui est déterminée par elle seule à agir :

Chose *nécessaire*, au contraire, ou plutôt *contrainte*, celle qui est déterminée par une autre, à exister et à agir d'une manière certaine et déterminée.

VIII. Par *éternité*, j'entends *l'existence elle-même*, en tant qu'elle est conçue découlant nécessairement de la seule définition de la chose éternelle.

EXPLICATION.

Une telle existence, en effet, de même que l'essence de la chose, est conçue comme *vérité éternelle;* et c'est pourquoi elle ne peut être expliquée par la durée ou par le temps, encore que l'on conçoive la durée sans commencement et sans fin.

AXIOMES

I. Tout ce qui est, est en soi, ou en autre chose.

II. Ce qui ne peut être conçu par autre chose, doit être conçu par soi.

III. D'une cause donnée déterminée résulte nécessairement un effet; et, au contraire, si aucune cause déterminée n'est donnée, il est impossible qu'un effet s'ensuive.

IV. La connaissance de l'effet dépend de la connaissance de la cause, et elle l'enveloppe.

V. Les choses qui n'ont rien de commun entre elles, ne peuvent non plus être comprises l'une par l'autre; autrement dit le concept de l'une n'enveloppe pas le concept de l'autre.

VI. Une idée vraie doit s'accorder avec son objet.

VII. Tout ce qui peut être conçu comme non-existant, son essence n'enveloppe pas l'existence.

PROPOSITIONS

PROPOSITION I.

La Substance est antérieure par nature à ses affections (1).

DÉMONSTRATION.

Cela est évident par les Définitions III et v.

PROPOSITION II.

Deux Substances ayant des attributs différents n'ont entre elles rien de commun.

DÉMONSTRATION.

Cela est évident aussi par la Défin. III. Chacune de ces substances, en effet, doit être en soi, et être conçue par soi; en d'autres termes, le concept de l'une n'enveloppe pas le concept de l'autre.

PROPOSITION III.

Si deux choses n'ont rien de commun entre elles, l'une ne peut être cause de l'autre.

DÉMONSTRATION.

Si elles n'ont rien de commun entre elles, alors (*par l'Axiom.* v)

---

(1) Par *affections* de la Substance, dans le cours de cet ouvrage, le lecteur est prié d'entendre les *modes* ou *modifications* de cette Substance; en d'autres termes, *toutes les choses particulières*, organisées ou inorganisées, animées ou inanimées, depuis les soleils, les planètes, les comètes, les êtres complexes comme l'homme et ses semblables, jusqu'au plus infime ciron, jusqu'au moindre grain de sable, qui ont découlé et découlent perpétuellement du sein de la Substance infinie, pour y rentrer perpétuellement. (*Note du Traducteur*.)

elles ne peuvent être comprises l'une par l'autre, et, par conséquent (*par l'Axiom.* ıv), l'une ne peut être cause de l'autre. C. Q. F. D.

PROPOSITION IV.

Deux ou plusieurs choses distinctes se distinguent entre elles, ou par la diversité des attributs des Substances, ou par la diversité de leurs affections.

DÉMONSTRATION.

Tout ce qui est, est en soi, ou en autre chose (*par l'Axiom.* ı), c'est-à-dire (*par les Défin.* ııı et v) que rien n'est donné, hors de l'entendement, que les substances et leurs affections. Rien n'est donc donné, hors de l'entendement, par quoi plusieurs choses se puissent distinguer entre elles, si ce n'est les substances, ou, ce qui est la même chose (*par l'Axiom.* ıv), leurs attributs et leurs affections. C. Q. F. D.

PROPOSITION V.

Dans la nature des choses, il ne peut y avoir deux ou plusieurs Substances de même nature, c'est-à-dire de même attribut.

DÉMONSTRATION.

S'il y avait plusieurs substances distinctes, elles devraient se distinguer entre elles, ou par la diversité des attributs, ou par la diversité des affections (*par la Propos. précéd.*). Si seulement par la diversité des attributs, on accordera donc qu'il n'y a qu'une substance de même attribut. Mais, si par la diversité des affections, comme la substance est antérieure par nature à ses affections (*par la Propos.* ı), laissant de côté ces affections et considérant la substance en soi, c'est-à-dire *(par les Défin.* iii et vi) la considérant dans sa vraie nature, cette substance ne pourra être conçue distincte d'une autre, c'est-à-dire *(par la Propos. précéd.)* qu'il ne pourra y avoir plusieurs substances, mais une seulement. C. Q. F. D.

Proposition VI.

Une Substance ne peut être produite par une autre Substance.

Démonstration.

Dans la nature des choses il ne peut y avoir deux substances de même attribut *(par la Propos. précéd.),* c'est-à-dire *(par la Propos.* ii) qui aient entre elles quelque chose de commun. En conséquence *(par la Propos.* iii), l'une ne peut être cause de l'autre ; autrement dit l'une ne peut être produite par l'autre. C. Q. F. D.

Corollaire.

Il suit de là qu'une substance ne peut être produite par autre chose. Dans la nature des choses, en effet, il n'y a rien que les substances et leurs affections, comme cela est évident par l'*Axiom.* i et par les *Défin.* iii et v. Or, une substance ne peut être produite par une substance *(par la Propos. précéd.).* Donc une substance ne peut absolument être produite par autre chose. C. Q. F. D.

Autre preuve.

Cela se démontre encore plus aisément par l'absurde. En effet, si une substance pouvait être produite par autre chose, sa connaissance devrait dépendre de la connaissance de sa cause *(par l'Axiom.* iv) ; et ainsi *(par la Défin.* iii) elle ne serait plus une substance.

P r o p o s i t i o n V I I.

L'existence appartient à la nature de la Substance.

D é m o n s t r a t i o n.

Une substance ne peut être produite par autre chose (*par le Coroll. de la Propos. précéd.*); elle sera donc cause de soi, c'est-à-dire (*par la Défin.* 1) que son essence enveloppe nécessairement l'existence; en d'autres termes, qu'il appartient à sa nature d'exister. C. Q. F. D.

P r o p o s i t i o n V I I I.

Toute Substance est nécessairement infinie.

D é m o n s t r a t i o n.

Une substance de même attribut n'existe qu'unique (*par la Propos.* v), et il appartient à sa nature d'exister (*par la Propos.* vii). Il sera donc dans sa nature d'exister, finie ou infinie. Or, *finie,* cela ne se peut, car (*par la Défin.* ii) elle devrait être limitée par une autre substance de même nature, qui devrait aussi exister nécessairement (*par la Propos.* vii); et alors il y aurait deux substances de même attribut, ce qui est absurde (*par la Propos.* v). Elle existe donc *infinie.* C. Q. F. D.

S c h o l i e I.

Comme être fini, c'est réellement au fond la négation, et être infini, l'absolue affirmation de l'existence d'une chose donnée, il s'ensuit donc, de la seule Propos. vii, que toute substance doit être infinie.

S c h o l i e II.

Je ne doute pas que pour tous ceux qui jugent avec confusion des choses, et qui n'ont pas accoutumé de les connaître par leurs causes premières, il ne soit difficile de saisir la démonstration de la Proposition vii ; très certainement parce qu'ils ne distinguent pas entre les modifications des substances, et les substances elles-mêmes ; et qu'ils ne savent pas comment les choses sont produites (1). D'où il arrive que le commencement qu'ils voient aux choses de la nature, ils l'attribuent aux substances. Car ceux qui ignorent les causes véritables des choses, confondent tout ; et, sans la moindre hésitation, vous les voyez imaginer des arbres qui parlent tout comme des hommes ; des êtres humains procréés avec des pierres aussi bien qu'avec de la semence ; et des formes quelconques changées en d'autres formes quelles qu'elles soient. De même, ceux qui confondent la nature divine avec la nature humaine, attribuent à Dieu très aisément les passions humaines, tant qu'ils ignorent surtout comment les passions se produisent dans l'âme.

Mais si les hommes faisaient attention à la nature de la Substance, ils ne douteraient en nulle façon de la vérité de la Propos. vii. Bien plus, cette Proposition serait pour tous un Axiome, et on la compterait parmi les notions communes.

Par *Substance*, en effet, on entendrait ce qui est en soi, et est conçu par soi, c'est-à-dire ce dont la connaissance n'a pas besoin de la connaissance d'une autre chose.

---

(1) « Considérez, mon ami, je vous prie, que les hommes *ne sont pas créés*, mais seulement *engendrés*; et que leurs corps *existaient déjà* auparavant, quoique formés d'une autre manière. » (Spinoza, Lettre iv, à Oldenburg.)

Par *modifications*, au contraire, on comprendrait ce qui est dans autre chose, et dont le concept est formé par le concept de la chose en laquelle elles sont.

Et c'est pourquoi nous pouvons avoir des idées vraies de modifications qui n'existent pas, parce que, encore que ces modifications n'existent pas *en acte*, hors de l'entendement, leur essence cependant est comprise dans autre chose, de telle sorte, qu'elles peuvent être conçues par cette chose. Mais la vérité des substances n'est pas hors de l'entendement. Elle n'existe qu'en elles-mêmes ; parce que les substances sont conçues par soi.

Si donc quelqu'un disait qu'il a une idée claire et distincte, c'est-à-dire une idée *vraie* d'une substance, et néanmoins qu'il doute si une telle substance existe ; c'est absolument comme s'il disait qu'il a une idée vraie, et néanmoins qu'il doute si cette idée n'est pas fausse ; comme la chose est évidente pour quiconque y apporte la moindre attention. De même celui qui déclare qu'une substance est *créée*, déclare en même temps qu'une idée fausse est devenue vraie ; absurdité dont rien n'approche. Il faut donc avouer nécessairement que l'existence d'une substance, de même que son essence, *est une vérité éternelle*.

Et de là nous pouvons conclure, d'une autre manière, qu'une substance de même nature n'existe *qu'unique*. Et c'est ce que j'ai jugé utile de faire voir présentement.

Mais, pour le faire avec ordre, il faut remarquer :

1° Que la vraie définition de toute chose n'enveloppe et n'exprime rien que la nature de la chose définie ;

2° Comme conséquence, qu'aucune définition n'enveloppe ni n'exprime un certain nombre déterminé d'individus ; puisqu'elle n'exprime rien autre chose que la nature de la chose définie :

Par exemple, la définition du triangle n'exprime rien autre chose

que la simple nature du triangle, et non un certain nombre déterminé de triangles;

3° Que, pour toute chose existante, il y a nécessairement une certaine cause pour laquelle elle existe ;

4° Enfin que cette cause, par laquelle une certaine chose existe, doit être contenue ou dans la nature et la définition même de la chose existante (assurément parce qu'il appartient à sa nature d'exister), ou doit être donnée en dehors de cette chose (1).

Ceci posé, il s'ensuit que, s'il existe dans la nature un certain nombre déterminé d'individus, il doit nécessairement y avoir une cause pourquoi ces individus, et non un plus grand nombre ou un plus petit nombre, existent.

S'il existe, par exemple, dans la nature des choses, *vingt* hommes (et, pour plus de clarté, je suppose qu'ils existent simultanément, et qu'il n'y en a pas eu d'autres avant eux dans la nature), ce ne sera pas assez, pour rendre raison du pourquoi de l'existence de ces *vingt* hommes, de montrer la cause de la nature humaine en général; mais il sera nécessaire, en outre, de montrer pourquoi il n'en existe ni plus ni moins que *vingt,* puisque, pour chaque chose (*par la Remarque* iii), il doit nécessairement y avoir une cause de son existence.

Or, cette cause (*par les Remarques* ii et iii) ne peut être contenue dans la nature humaine elle-même, puisque la vraie définition de l'homme n'enveloppe point le nombre *vingt.* Par conséquent (*par la Remarque* iv) la cause pour laquelle ces *vingt* hommes, et chacun d'eux conséquemment, existent, doit nécessairement être en dehors de chacun d'eux.

_____

(1) Voyez à ce sujet la Lettre xxxix⁰ des Lettres complètes; et, encore, Réforme de l'Entendement : *Des règles de la définition.*

2

D'où nous pouvons conclure, d'une manière absolue, *que toute chose, de la nature de qui plusieurs individus peuvent exister, doit nécessairement, pour que ces individus existent, avoir une cause extérieure à elle.*

Or, puisqu'il appartient à la nature de la substance d'exister (par ce que nous avons déjà montré dans cette Scholie), sa définition doit envelopper l'existence nécessaire; et, conséquemment, de sa seule définition, son existence doit être conclue. Mais de cette définition (comme nous l'avons déjà fait voir *par les Remarques* ii et iii) il ne peut suivre l'existence de plusieurs substances. Il suit donc nécessairement de cette définition *qu'il n'existe qu'une seule Substance de même nature;* ce que l'on se proposait de démontrer (1).

PROPOSITION IX.

Plus une chose a de réalité ou d'être, plus d'attributs lui appartiennent.

DÉMONSTRATION.

Cela est évident par la *Défin.* iv.

PROPOSITION X.

Tout attribut d'une substance doit être conçu par soi.

DÉMONSTRATION.

L'attribut, en effet, c'est ce que l'entendement perçoit de la substance, *comme constituant son essence (par la Défin.* iv); et, par conséquent (*par la Défin.* iii), il doit être conçu par soi. C. Q. F. D.

(1) Pour ces premières Propositions, voyez Lettres ii, iv, xxvii, xxix, xli, etc.

On voit clairement par là que, bien que deux attributs soient conçus réellement distincts, c'est-à-dire l'un sans le secours de l'autre, nous ne pouvons cependant en conclure qu'ils constituent deux êtres, ou deux substances différentes. Il est, en effet, de la nature de la Substance, que chacun de ses attributs soit conçu par soi, puisque tous les attributs qu'elle possède ont toujours été *en même temps* en elle-même, et que l'un n'a pu être produit par l'autre, mais que chacun d'eux exprime la réalité ou l'*être* de la Substance. Il s'en faut donc de beaucoup qu'il soit absurde d'attribuer plusieurs attributs à une substance, puisque rien n'est plus clair, dans la nature, que chaque être doit être conçu sous un certain attribut, et que, plus cet être a de réalité ou d'être, plus il possède d'attributs qui expriment et la nécessité, c'est-à-dire l'éternité, et l'infinité. Et conséquemment quoi de plus clair encore que l'Être absolument infini doit être nécessairement défini (comme nous l'avons fait dans la *Défin.* vi) l'Être composé d'une infinité d'attributs, dont chacun exprime une certaine essence éternelle et infinie !

Si quelqu'un demande maintenant :

— A quel signe donc pourrons-nous reconnaître la diversité des substances?

Qu'il lise les Propositions suivantes, lesquelles montrent *qu'il n'existe, dans la nature des choses, qu'une* Substance unique, *et qu'elle est absolument infinie.*

Et c'est pourquoi celui-là chercherait vainement le signe qu'il demande.

P r o p o s i t i o n X I.

Dieu, autrement dit la Substance, *composée d'une infinité d'attri-*

buts dont chacun exprime une essence éternelle et infinie, existe né-
cessairement.

DÉMONSTRATION.

Si vous le niez, concevez, s'il se peut faire, que Dieu n'existe
pas. Alors (*par l'Axiom.* vii) son essence n'enveloppe pas l'existence.
Or (*par la Propos.* vii) cela est absurde. Donc Dieu existe nécessairement. C. Q. F. D.

AUTRE DÉMONSTRATION.

Pour toute chose l'on doit assigner une cause ou raison, tant
pourquoi elle existe que pourquoi elle n'existe pas. Par exemple,
si le triangle existe, il doit y avoir une raison ou cause de son existence. S'il n'existe pas, au contraire, il doit y avoir également
une raison ou cause qui empêche qu'il existe, ou qui détruise son
existence. Or, cette raison ou cause doit être contenue, ou dans la
nature de la chose, ou hors d'elle-même. Par exemple, la raison
pourquoi un cercle carré n'existe pas, la nature même du cercle
l'indique : c'est parce que la chose implique contradiction. Et
pourquoi, d'autre part, la substance existe-t-elle? C'est parce que
cela suit de sa seule nature, laquelle enveloppe l'existence (voyez
la *Propos.* vii). Mais la raison pour laquelle le cercle ou le triangle
existent ou pourquoi ils n'existent pas ne suit pas de leur nature, mais de l'ordre de la nature corporelle tout entière; car
c'est de cet ordre qu'il doit suivre, ou que le triangle existe nécessairement, ou qu'il est impossible qu'il existe. Et tout cela est évident de soi-même.

D'où il suit que ceci existe nécessairement dont nulle raison ni
cause n'est donnée qui empêche qu'il existe. Si donc nulle raison
ni cause ne peut être donnée qui empêche que Dieu existe, ou qui

détruise son existence, il faut en conclure absolument que Dieu
existe nécessairement.

Mais, si une telle raison ou cause était donnée, elle devrait exister
ou dans la nature même de Dieu, ou hors de cette nature, c'est-à-dire
dans une autre substance d'une nature différente. En effet, si cette
raison ou cause était dans une substance de même nature, par cela
même on accorderait que Dieu existe. Mais la substance qui serait
d'une nature différente ne pourrait avoir avec Dieu rien de commun (*par la Propos.* ii), et, par conséquent, ni poser ni détruire
son existence. Comme donc la raison ou cause qui détruit l'existence divine ne peut exister en dehors de la divine nature,
elle devra nécessairement être donnée, si toutefois elle existe,
dans la nature même de Dieu, laquelle par cela même enve-
lopperait contradiction. Or, affirmer cela de l'Être absolument
infini et souverainement parfait est une absurdité. Donc, ni
en Dieu, ni en dehors de Dieu, nulle cause ou raison n'existe qui
détruise son existence ; et, par conséquent, Dieu existe nécessairement. C. Q. F. D.

Autre Démonstration.

Pouvoir ne pas exister est une impuissance ; et, au contraire,
pouvoir exister est une puissance, comme cela se voit de soi. Si
donc ce qui existe déjà nécessairement ne comprend que des êtres
finis, les êtres finis sont alors plus puissants que l'Être absolument
infini. Or cela est absurde, comme cela se voit de soi. Donc, ou il
n'existe rien, ou l'Être absolument infini existe nécessairement
aussi. Or, nous, nous existons, ou en nous, ou en autre chose, qui
existe nécessairement (voyez *Axiom.* i et *Propos.* vii). Donc l'Être
absolument infini, c'est-à-dire (*par la Défin.* vi) Dieu, existe nécessairement. C. Q. F. D.

SCHOLIE.

Dans cette dernière démonstration j'ai voulu montrer l'existence de Dieu *à posteriori*, afin que la démonstration fût plus facilement saisie. Mais cela ne veut pas dire que, de ce même fondement, l'existence de Dieu ne s'ensuive pas *à priori*. En effet, comme pouvoir exister est une puissance, il s'ensuit que plus grande est la réalité appartenant à la nature d'une chose, plus cette chose a de forces, par soi, pour exister ; et, par conséquent, l'Être absolument infini, c'est-à-dire Dieu, a, de soi, la puissance absolue d'exister ; et c'est pourquoi il existe absolument.

Plusieurs, peut-être, ne verront pas aisément l'évidence de cette démonstration, accoutumés qu'ils sont à ne contempler que les choses qui découlent de causes extérieures ; et, voyant ce qui naît des choses qui se font promptement, c'est-à-dire qui existent facilement, périr avec la même facilité, ils jugent, au contraire, que les choses plus difficiles à faire, c'est-à-dire qui ne sont pas si faciles à l'existence, ce sont celles qu'ils conçoivent pourvues d'un plus grand nombre de propriétés.

Mais, pour affranchir ces personnes de ces préjugés, je n'ai pas besoin de faire voir ici par quelle raison est vraie cette maxime : *Ce qui se fait promptement périt de même ;* ni si, au regard de la Nature tout entière, toutes choses n'existent pas avec une égale facilité. Il suffit de remarquer ceci, c'est que, présentement, je ne parle pas des choses qui se font par les causes extérieures, mais des substances seules, lesquelles (*par la Propos.* vi) ne peuvent être produites par aucune cause extérieure. Les choses, en effet, qui naissent de causes extérieures, soit qu'elles se composent d'un grand nombre de parties, ou d'un petit nombre, doivent tout ce qu'elles ont de perfection, autrement dit de réalité, à la vertu de la cause

extérieure ; et, par conséquent, leur existence dérive de la seule
perfection de la cause extérieure, et non de la leur propre. Mais,
au contraire, tout ce que la Substance possède de perfection, elle
ne le doit à aucune cause extérieure. Et c'est pourquoi son existence doit résulter de sa seule nature, laquelle, par suite, n'est rien
autre que son essence.

La perfection ne détruit donc pas l'existence d'une chose ; tout
au contraire elle la fonde. C'est l'imperfection qui la détruit. Et,
par conséquent, il n'est nulle chose de l'existence de laquelle nous
puissions être plus certains que de l'existence de l'Être absolument
infini ou parfait, c'est-à-dire Dieu. Car, puisque son essence exclut
toute imperfection, et qu'elle enveloppe la perfection absolue,
par cela même elle supprime toute cause de doute sur son existence, et elle en donne la plus haute certitude. Et c'est ce que je
crois suffisamment clair pour quiconque y apporte la plus légère
attention.

P r o p o s i t i o n   X I I.

*Nul attribut de la Substance ne peut être conçu sous son véritable
aspect, duquel il suive que la Substance puisse être divisée.*

D é m o n s t r a t i o n.

En effet, les parties en lesquelles la Substance, ainsi conçue,
serait divisée, ou retiendront la nature de la substance, ou ne la
retiendront pas. Si le premier cas, alors (*par la Propos.* viii) chaque
partie devra être infinie, et (*par la Propos.* vi) cause de soi, et (*par
la Propos.* v) devra se composer d'un attribut différent ; et, par
conséquent, d'une seule Substance il s'en pourra former plusieurs :
ce qui est absurde (*par la Propos.* vi). Ajoutez à cela que ces parties
(*par la Propos.* ii) n'auraient rien de commun avec leur tout, et que

le tout. (*par la Défin.* iv *et. la Propos.* x) pourrait, et exister, et être conçu sans ses parties : absurdité que personne ne peut nier.

Si nous posons au contraire le second cas, à savoir que les parties ne retiendront pas la nature de la substance, alors, quand la Substance tout entière serait divisée en parties égales, elle perdrait la nature de la substance, et elle cesserait d'être; ce qui est absurde (*par la Propos.* vii).

P r o p o s i t i o n X I I I.

La Substance absolument infinie est indivisible.

D é m o n s t r a t i o n.

En effet, si elle était divisible les parties en lesquelles elle serait divisée retiendront ou non la nature de la substance absolument infinie. Si le premier cas, il y aura donc plusieurs substances de même nature, ce qui est absurde (*par la Propos.* v). Si le second cas, alors (comme ci-dessus) la Substance absolument infinie pourra cesser d'être; ce qui est également absurde (*par la Propos.* xi).

C o r o l l a i r e.

Il suit de là qu'aucune substance, et conséquemment *aucune substance corporelle, n'est divisible* EN TANT QUE SUBSTANCE.

S c h o l i e.

Que la Substance soit indivisible, c'est ce que l'on comprend plus simplement par cela seul que la nature de la Substance ne peut être conçue qu'infinie, et que, par partie de la substance, l'on ne peut entendre rien autre chose qu'une substance finie : ce qui (*par la Propos.* viii) implique contradiction manifeste.

P r o p o s i t i o n   X I V.

Outre Dieu il n'y a et l'on ne peut concevoir aucune substance.

D é m o n s t r a t i o n.

Comme Dieu est l'Être absolument infini, duquel on ne peut nier aucun attribut qui exprime l'essence de la Substance (*par la Défin.* vi), et qu'il existe nécessairement (*par la Propos.* xi), s'il y avait quelque substance en dehors de Dieu, elle devrait être expliquée par quelque attribut de Dieu, et, ainsi, il y aurait deux substances de même attribut; ce qui est absurde (*par la Propos.* v). Par conséquent aucune substance ne peut exister, et dès lors ne peut être conçue en dehors de Dieu.

En effet, si cette substance pouvait être conçue, elle devrait nécessairement être conçue comme existante. Or cela est absurde (*par la première partie de cette Démonstration*). Donc, hors de Dieu, il n'y a et l'on ne peut concevoir aucune substance. C. Q. F. D.

C o r o l l a i r e I.

Il suit de là, avec la dernière évidence :

1° Que Dieu est unique, c'est-à-dire (*par la Défin.* vi) que, dans la nature des choses, il n'y a qu'une seule Substance, et qu'elle est absolument infinie, comme nous l'avons déjà marqué dans la *Scholie* de la *Propos.* x.

C o r o l l a i r e I I.

Il s'ensuit : 2° que la chose *étendue* et la chose *pensante* sont, ou des *attributs* de Dieu, ou (*par l'Axiom.* i) des *affections* des attributs de Dieu (1).

P r o p o s i t i o n   X V.

Tout ce qui est est en Dieu, et rien ne peut être ni être conçu sans Dieu.

D é m o n s t r a t i o n.

Outre Dieu il n'y a et l'on ne peut concevoir aucune substance (*par la Propos.* xiv), c'est-à-dire (*par la Défin.* iii) une chose qui existe en soi, et qui soit conçue par soi.

Or, les *modes* (*par la Défin.* v) ne peuvent ni exister ni être conçus sans la substance. Ils ne peuvent donc exister que dans la divine nature seule, et être conçus que par elle seule.

Mais, en dehors des substances et des modes, il n'y a rien (*par l'Axiom.* i). Donc, sans Dieu, rien ne peut exister ni être conçu. C. Q. F. D.

S c h o l i e.

Certains se figurent Dieu composé, à l'instar de l'homme, d'un corps et d'une âme, et soumis aux passions. Combien ces personnes s'éloignent de la vraie connaissance de Dieu, c'est ce qui est assez évident par ce qui a été déjà démontré. Mais je laisse ceci de côté; car tous ceux qui ont contemplé la nature divine, en quelque manière, nient que Dieu soit corporel. Et c'est ce qu'ils prouvent parfaitement par ce fait que, par corps, nous entendons une certaine quantité longue, large et profonde, terminée par une cer-

---

(1) Voyez Partie ii, Schol. de la Propos. vii. — Partie iii, Schol. de la Propos. ii.

taine figure : ce qui ne se peut dire de Dieu, à savoir l'Être absolument infini, sans la dernière absurdité.

Mais, pendant ce temps, mettant en avant d'autres raisons à
l'aide desquelles elles s'efforcent de démontrer leur dire, ces personnes marquent clairement qu'elles séparent entièrement de la
nature divine *la substance corporelle* ou étendue elle-même, la dé-
clarant créée par Dieu.

Or, par quelle puissance divine cette substance aura-t-elle pu
être créée? C'est ce qu'ils ignorent complètement. Ce qui montre
bien que ces personnes ne comprennent pas ce qu'elles disent
elles-mêmes.

Pour moi, du moins, j'ai démontré assez clairement, à mon
avis (voyez *le Coroll. de la Propos.* vi *et la Schol.* ii *de la Propos.* viii),
qu'aucune substance ne peut être produite ou créée par autre chose.
Nous avons fait voir ensuite dans la *Propos.* xiv que, hors de Dieu,
il n'y a et que l'on ne peut concevoir aucune substance. Et nous
en avons conclu que la substance *étendue* est un des attributs infinis de Dieu.

Mais, pour expliquer plus complètement la chose, je vais réfuter
les arguments de nos adversaires, lesquels se réduisent tous à ceci :

Premièrement, la substance corporelle, *en tant que substance*, se
compose, suivant eux, de parties. Et c'est pourquoi ils nient qu'elle
puisse être infinie, et conséquemment appartenir à la nature de
Dieu. Et c'est ce qu'ils expliquent par nombre d'exemples, dont
je rapporterai un ou deux.

— Si la substance corporelle, disent-ils, est infinie, qu'on la
conçoive divisée en deux parties. Chacune de ces parties sera finie
ou infinie. Si le premier cas, l'infini se compose donc de deux
parties finies ; ce qui est absurde. Si le second, il existe alors un
infini double d'un autre infini ; ce qui est également absurde.

Ensuite, si l'on mesure une quantité infinie en parties égales à un pied, cette quantité devra se composer d'une infinité de parties semblables, tout comme si elle était mesurée en parties égales à un pouce; et alors un nombre infini sera douze fois plus grand qu'un autre infini.

Enfin, si d'un point A, d'une certaine quantité infinie, on conçoit deux lignes, comme A B et A C, prolongées à l'infini, d'une distance certaine et déterminée au commencement, il est certain que la distance entre B et C augmente continuellement, et, de déterminée, devient à la fin indéterminable.

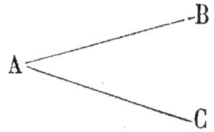

Or, toutes ces absurdités résultant, comme ils le pensent, de ce que l'on suppose une quantité infinie, ils en concluent que la substance corporelle doit être finie, et conséquemment n'appartient pas à l'essence de Dieu.

Leur *second* argument est tiré de la souveraine perfection de Dieu.

— Dieu, disent-ils, étant l'Être souverainement parfait, ne peut pâtir. Or, la substance corporelle, étant divisible, peut pâtir. Il s'ensuit donc qu'elle n'appartient pas à l'essence de Dieu.

Tels sont les arguments que je trouve chez les auteurs qui s'efforcent de montrer que la substance corporelle est indigne de la nature divine, et ne lui peut appartenir.

Mais, en vérité, si l'on y veut apporter quelque attention, on trouvera que j'ai déjà répondu à tout cela, puisque ces arguments se fondent uniquement sur ce point, que la substance corporelle, comme ils le supposent, est composée de parties : hypothèse dont j'ai déjà fait voir l'absurdité. (*Propos.* xii *avec le Coroll. de la Pro-*

pos. xiii). Et si l'on veut encore peser avec soin la chose, on verra que toutes ces absurdités *(toutes ces affirmations sont-elles absurdes ? c'est de quoi je ne dispute pas pour l'instant)*, par lesquelles on veut conclure que la substance étendue est finie, ne résultent nullement de ce que l'on suppose une quantité infinie, mais de ce qu'ils supposent qu'une quantité infinie est mesurable et composée de parties. Et c'est pourquoi, de toutes les conséquences absurdes qui découlent de cette affirmation, ils ne peuvent conclure rien autre chose, sinon qu'une quantité infinie n'est pas mesurable, et qu'elle ne peut être composée de parties finies. Et c'est cela même que nous avons déjà démontré plus haut (*Propos.* xii, etc.). Ainsi le trait qu'ils dirigent contre nous, c'est contre eux-mêmes qu'ils le lancent en réalité.

Si donc, de leurs propres absurdités, ils veulent conclure néanmoins que la substance étendue doit être finie, ils font absolument comme celui qui, feignant que le cercle a les propriétés du carré, en conclut que le cercle n'a pas un centre, d'où toutes les lignes menées à la circonférence soient égales. En effet, la substance corporelle, *qui ne peut être conçue qu'infinie, unique et indivisible* (*voyez les Propos.* viii, v et xii), pour conclure qu'elle est finie, ils la conçoivent composée de parties finies, et multiple, et divisible. C'est ainsi que d'autres, après avoir imaginé la ligne composée de points, savent trouver nombre d'arguments à l'aide desquels ils montrent que la ligne ne peut être divisée à l'infini.

Et, certes, il n'est pas moins absurde de supposer la substance corporelle composée de corps ou de parties que de composer le corps de surfaces, les surfaces de lignes, et, finalement, les lignes de points. Et c'est ce que doivent avouer tous ceux qui savent qu'une raison claire est infaillible, et surtout ceux qui nient que le vide existe.

En effet, si la substance corporelle pouvait être divisée de telle sorte que ses parties fussent réellement distinctes, pourquoi une de ces parties ne pourrait-elle pas être anéantie, les autres restant liées entre elles comme auparavant? Et pourquoi toutes ces parties doivent-elles être adaptées de telle façon que le vide n'existe pas? Assurément, parmi les choses qui sont réellement distinctes l'une de l'autre, l'une peut exister sans l'autre, et rester dans son état propre.

Or, *comme il n'y a pas de vide dans la nature* (nous l'avons déjà montré ailleurs) (1) et comme toutes les parties doivent concourir de telle sorte que le vide n'existe pas, il s'ensuit que ces parties ne peuvent être distinguées réellement, c'est-à-dire QUE LA SUB-STANCE CORPORELLE, *en tant que substance*, NE PEUT ÊTRE DIVISÉE.

Si quelqu'un demande maintenant : Pourquoi sommes-nous ainsi portés naturellement à diviser la quantité? — je réponds que la quantité est conçue par nous de deux manières, à savoir: *abstraitement*, c'est-à-dire *superficiellement*, telle que nous l'imaginons; *ou à titre de substance*, ce qui ne se fait que par l'entendement seul (2).

Si donc nous considérons la quantité telle que nous l'imaginons, cas le plus fréquent et qui nous est le plus facile, on la trouvera finiè, divisible, et composée de parties. Mais, si nous l'envisageons telle qu'elle est dans l'entendement, si nous la concevons *en tant que substance*, chose très difficile, alors, comme nous l'avons déjà suffisamment démontré, elle nous apparaîtra infinie, unique et indivisible.

Et cela est assez évident pour tous ceux qui ont appris à distinguer

(1) Voyez *Principes de Descartes*, Partie II, Propos. III, de notre traduction ;— et Lettre IX.
(2) Voyez *Réforme de l'Entendement*, à la fin. — Lettre XXIX, etc.

entre l'imagination et l'entendement, particulièrement si l'on fait attention à ceci, QUE LA MATIÈRE EST PARTOUT LA MÊME (1), et que ses parties ne sont distinctes les unes des autres qu'en tant que nous concevons la matière affectée de diverses manières. D'où cette conséquence que ses parties ne sont distinctes entre elles que *modalement* (2), et non *réellement*.

Par exemple, l'eau, *en tant qu'eau*, nous concevons qu'elle se divise, et que ses parties se séparent l'une de l'autre ; mais nous ne le pouvons concevoir *en tant que substance corporelle*. Sous ce point de vue, en effet, ni elle ne se sépare, ni elle ne se divise. Ensuite l'eau, *en tant qu'eau*, s'engendre et se corrompt. Mais, *en tant que substance*, ni elle ne s'engendre, ni elle ne se corrompt.

Et, par là, je pense avoir répondu au second argument, puisqu'il repose sur cette hypothèse que la matière, *en tant que substance*, est divisible et composée de parties.

Et lors même que cela ne serait pas, je ne vois pas pourquoi la matière serait indigne de la nature divine, puisque, en dehors de Dieu (*par la Propos.* xiv), aucune substance ne peut exister dont il souffre l'action. Toutes choses, dis-je, sont en Dieu, et tout ce qui arrive se fait par les seules lois de la nature infinie de Dieu, et résulte de la nécessité de son essence, comme je le ferai voir bientôt. C'est pourquoi l'on ne peut dire, par aucune raison, que Dieu souffre l'action d'une autre chose, ou que la substance étendue est indigne de la nature divine ; encore qu'on la suppose divisible, pourvu, toutefois, que l'on accorde qu'elle est éternelle et infinie. Mais en voilà assez présentement sur ce sujet.

---

(1) Voyez Lettre xxiii.

(2) C'est-à-dire par leurs manières d'être, par leurs formes, par les figures qu'elles revêtent, par les aptitudes diverses, par le rôle différent qu'elles jouent dans l'univers. (*Note du Traducteur*)

P R O P O S I T I O N   X V I.

De la nécessité de la nature divine doivent découler une infinité de choses, modifiées à l'infini, c'est-à-dire tout ce qui peut tomber sous un entendement infini.

D É M O N S T R A T I O N.

Cette Proposition doit être évidente pour tout le monde, si l'on veut faire attention à ceci, que, de la définition donnée d'une chose quelconque, l'entendement en conclut un certain nombre de propriétés, lesquelles résultent réellement de cette définition (c'est-à-dire de l'essence même de la chose). Et ces propriétés sont d'autant plus nombreuses, que la définition de la chose exprime plus de réalité, c'est-à-dire que l'essence de la chose définie enveloppe une réalité plus grande. Or, comme la nature divine possède une infinité absolue d'attributs (*par la Défin.* vi), dont chacun exprime, en son genre, une essence infinie, par conséquent, de la nécessité de cette même nature doivent découler nécessairement une infinité de choses, modifiées à l'infini, c'est-à-dire tout ce qui peut tomber sous un entendement infini. C. Q. F. D.

C O R O L L A I R E I.

Il suit de là que Dieu est la cause efficiente de toutes les choses qui peuvent tomber sous un entendement infini.

C O R O L L A I R E II.

Il suit de là, secondement, que Dieu est cause par soi, et non par accident.

Corollaire III.

Il suit de là, troisièmement, que Dieu est absolument cause première.

Proposition XVII.

Dieu agit par les seules lois de sa nature, et il n'est contraint par personne.

Démonstration.

De la seule nécessité de la nature divine, ou, ce qui est la même chose, *des seules lois de cette nature*, nous avons fait voir tout à l'heure (*Propos.* xvi) qu'une infinité de choses découlent absolument. Et (dans la *Propos.* xv) nous avons démontré que rien, sans Dieu, ne peut être, ni être conçu ; mais que toutes choses sont en Dieu. C'est pourquoi rien ne peut être en dehors de Dieu, par quoi il soit déterminé ou contraint à agir ; et, par conséquent, Dieu agit par les seules lois de sa nature, et il n'est contraint par personne.

Corollaire I.

Il suit de là, premièrement, qu'il n'y a aucune cause, soit en Dieu, soit hors de Dieu, qui l'incite à agir, que la perfection de sa propre nature.

Corollaire II.

Il s'ensuit, secondement, que Dieu seul est cause libre. Dieu seul, en effet, existe par la seule nécessité de sa nature (*par la Propos.* xi *et le Coroll. de la Propos.* xiv) ; et c'est par la seule nécessité de sa nature qu'il agit (*par la Propos. précéd.*). Seul, par conséquent, (*par la Défin.* vii) il est cause libre. C. Q. F. D.

3

D'autres pensent que Dieu est cause libre, parce qu'il peut faire, à les entendre, que les choses que nous avons dit découler de sa nature, c'est-à-dire qui sont en son pouvoir, n'existent pas ; en d'autres termes ne soient pas produites par lui. Mais c'est absolument comme s'ils disaient que Dieu peut faire que, de la nature du triangle, il ne résulte pas que ses trois angles soient égaux à deux droits ; ou bien que, d'une cause donnée, il ne s'ensuive pas quelque effet : absurdité manifeste. Bien plus, je montrerai tout à l'heure, sans le secours de la présente Proposition, que, ni l'intelligence, ni la volonté n'appartiennent à la nature de Dieu.

Plusieurs, je le sais, croient pouvoir démontrer que l'intelligence suprême et la libre volonté appartiennent à la nature de Dieu : car, disent-ils, nous ne connaissons rien de plus parfait qui se puisse attribuer à Dieu, que ce qui est en nous la plus haute perfection.

En second lieu, bien qu'ils conçoivent Dieu souverainement intelligent en acte, ils ne croient pas, cependant, qu'il puisse faire exister tout ce qu'il comprend actuellement ; car l'on détruirait ainsi, à leur avis, la puissance de Dieu.

— Si, disent-ils, Dieu avait créé tout ce qui est dans son intelligence ; alors, il n'aurait rien pu créer de plus ; supposition contraire, dans leur pensée, à l'omnipotence de Dieu. Et c'est pourquoi ils ont préféré faire Dieu indifférent à toutes choses, et ne créant rien autre que ce qu'il a résolu de créer par une certaine volonté absolue.

Mais, pour moi, je pense avoir montré assez clairement (*voyez la Propos.* xvi) que, de la souveraine puissance de Dieu, *autrement dit de la Nature infinie*, une infinité de choses, sous des modes infinis,

c'est-à-dire toutes choses ont découlé nécessairement, ou découlent
perpétuellement avec la même nécessité; de la même façon que
de la nature du triangle, il résulte de toute éternité, et pour l'éternité, que ses trois angles sont égaux à deux droits. Et c'est pourquoi la toute-puissance de Dieu a été *en acte* de toute éternité, *et
demeurera éternellement dans cette même activité*. Et, de la sorte, cette
toute-puissance de Dieu, à mon avis, me paraît établie d'une
manière beaucoup plus parfaite.

Bien plus, nos adversaires, s'il est permis de parler ouvertement,
semblent nier la toute-puissance de Dieu. Ne sont-ils pas forcés
d'avouer, en effet, que Dieu conçoit une infinité de choses *créables*,
qu'il ne pourra cependant jamais créer? Car, autrement, s'il créait
toutes les choses qu'il conçoit, il épuiserait, suivant eux, sa toute-
puissance, et il se rendrait imparfait. Pour établir la perfection
de Dieu, les voilà donc réduits à déclarer, en même temps, qu'il
ne peut faire tout ce que sa puissance embrasse. Est-il possible
d'imaginer rien de plus absurde ou de plus contraire à la toute-
puissance de Dieu?

Pour dire maintenant un mot de l'entendement et de la volonté
que nous attribuons communément à Dieu, je ferai remarquer que
si *l'entendement* et la *volonté* appartiennent à l'essence éternelle de
Dieu, assurément il faut entendre par l'un et par l'autre de ces attributs, tout autre chose que ce que les hommes comprennent d'ordinaire. Car l'entendement et la volonté, qui constitueraient l'essence
de Dieu, devraient différer complétement de notre entendement et
de notre volonté, et ils ne pourraient se ressembler entre eux que
de nom; de la même façon que se ressemblent entre eux le chien,
signe céleste, et le chien, *animal aboyant*.

Et c'est ce que je vais démontrer de la façon suivante :

Si l'entendement appartient à la nature divine, il ne pourra, comme le nôtre, être postérieur (ainsi qu'il plaît à la plupart), ou simultané, par sa nature, aux choses comprises ; puisque Dieu, par sa causalité, est antérieur à toutes choses (*par le Coroll.* ɪ *de la Propos.* xvɪ). Tout au contraire, la vérité, l'essence formelle des choses n'est ce qu'elle est, que parce qu'elle existe ainsi objectivement dans l'entendement de Dieu. C'est pourquoi l'entendement de Dieu, en tant qu'il est conçu constituant l'essence de Dieu, est réellement la cause des choses, tant de leur essence que de leur existence. Et c'est ce qui semble avoir été aperçu par ceux qui ont affirmé que l'entendement, la volonté et la puissance de Dieu étaient une seule et même chose.

Comme donc l'entendement de Dieu est la cause unique des choses, à savoir, comme nous l'avons montré, de leur essence, aussi bien que de leur existence ; il doit nécessairement différer de ces choses, tant sous le rapport de l'essence que sous celui de l'existence. Car l'objet causé diffère de sa cause, précisément en ce qu'il reçoit d'elle. Par exemple, un homme est cause de l'existence d'un autre homme, mais non de son essence ; *car celle-ci est une vérité éternelle ;* et c'est pourquoi ces deux hommes se peuvent ressembler entièrement sous le rapport de l'essence ; mais ils doivent différer sous le rapport de l'existence. Par suite, si l'existence de l'un prend fin, celle de l'autre ne cessera pas pour cela. Mais si l'essence de l'un pouvait être détruite et devenir fausse, l'essence de l'autre serait détruite également. Ainsi donc une chose qui est cause et de l'essence et de l'existence d'un certain effet, doit différer de cet effet tant sous le rapport de l'essence que sous celui de l'existence.

Or, l'entendement de Dieu est cause et de l'essence et de l'existence de notre entendement. En conséquence, l'entendement de Dieu, en tant qu'il est conçu constituant l'essence divine, diffère de notre entendement, tant sous le rapport de l'essence que sous celui de l'existence, et il n'y peut ressembler de nulle autre façon que par le nom, comme nous voulions le démontrer.

A l'égard de la *volonté* de Dieu, l'on procède de la même façon, comme chacun le peut voir aisément.

P r o p o s i t i o n XVIII.

Dieu est la cause immanente, et non transitoire, de toutes choses.

D é m o n s t r a t i o n.

Tout ce qui est, est en Dieu, et doit être conçu par Dieu (*par la Propos.* xv); par conséquent (*par le Coroll.* 1 *de la Propos.* xvi) Dieu est la cause des choses qui sont en lui. Voilà le premier point. Ensuite, hors de Dieu, il ne peut y avoir aucune autre substance (*par la Propos.* xiv), c'est-à-dire, (*par la Défin.* iii) aucune chose qui, hors de Dieu, existe en soi. Voilà le second point. Dieu est donc la cause immanente de toutes choses, et non transitoire. C. Q. F. D.

P r o p o s i t i o n XIX.

Dieu, ou tous les attributs de Dieu sont éternels.

D é m o n s t r a t i o n.

Dieu, en effet, (*par la Défin.* vi) c'est la Substance qui existe nécessairement (*par la Propos.* xi), c'est-à-dire (*par la Propos.* vii) à la nature de qui il appartient d'exister, ou, ce qui est la même chose, dont la définition emporte l'existence. Par conséquent (*par la Défin.* viii) Dieu est éternel.

En second lieu, par *attributs* de Dieu, il faut entendre (*par la*

Défin. IV) ce qui exprime l'essence de la substance divine, c'est-à-dire ce qui appartient à la Substance; cela même, dis-je, que ces attributs doivent envelopper.

Or, l'éternité appartient à la nature de la Substance (*comme je l'ai déjà démontré par la Propos.* VII). Donc chacun de ses attributs doit envelopper l'éternité; et tous, par conséquent, sont éternels. C. Q. F. D.

S C H O L I E.

Cette Proposition apparaît aussi de la dernière évidence, par la façon dont j'ai démontré (*Propos.* XI) l'existence de Dieu. De cette démonstration, en effet, il résulte que l'existence de Dieu, de même que son essence, *est une vérité éternelle.* J'ai démontré encore d'une autre manière (*Propos.* XIX *des Principes de Descartes*) (1) l'éternité de Dieu. Mais il n'est pas besoin de me répéter ici.

P R O P O S I T I O N X X.

L'existence de Dieu et son essence sont une seule et même chose.

D É M O N S T R A T I O N.

Dieu (*par la Propos. précéd.*) et tous ses attributs sont éternels; c'est-à-dire (*par la Défin.* VIII) chacun des attributs de Dieu exprime l'existence. En conséquence, ces mêmes attributs de Dieu qui expliquent son éternelle essence (*par la Défin.* IV), expliquent en même temps son éternelle existence; c'est-à-dire que cela même qui constitue l'essence de Dieu, constitue en même temps son existence. Par conséquent cette existence et cette essence de Dieu sont une seule et même chose. C. Q. F. D.

---

(1) Voyez la traduction que nous en avons donné.

Corollaire I.

Il suit de là : 1° que l'existence de Dieu, de même que son essence, est une vérité éternelle.

Corollaire II.

Il suit de là : 2° que Dieu, ou, en d'autres termes, tous ses attributs sont immuables. Car, s'ils changeaient sous le rapport de l'existence, ils devraient aussi (*par la Propos. précéd.*) changer sous le rapport de l'essence, c'est-à-dire, comme cela se voit de soi, de vrais devenir faux; ce qui est absurde.

Proposition XXI.

Tout ce qui suit de la nature absolue de quelque attribut de Dieu, a dû toujours exister et être infini; en d'autres termes est éternel et infini par ce même attribut.

Démonstration.

Si vous le niez, concevez, s'il se peut faire, dans un certain attribut de Dieu, quelque chose découlant de la nature absolue de cet attribut, qui soit fini et ait une existence déterminée, ou la durée; par exemple, dans l'attribut de la pensée, l'idée de Dieu.

La pensée, puisqu'on la suppose un attribut de Dieu, est nécessairement (*par la Propos. xi*) infinie de sa nature. Mais, en tant qu'elle contient l'idée de Dieu, on la suppose finie.

Or, (*par la Défin. ii*) la pensée ne peut être conçue finie, que si elle est bornée par la pensée elle-même. Mais non par la pensée, en tant qu'elle constitue l'idée de Dieu, puisqu'on suppose qu'elle est finie. Ce sera donc par la pensée, en tant qu'elle ne constitue pas l'idée de Dieu; et cette pensée, cependant (*par la*

Propos. XI) doit exister nécessairement. Il y aura donc une pensée ne constituant pas l'idée de Dieu ; et alors l'idée de Dieu ne suit pas nécessairement de sa nature, en tant qu'elle est la pensée absolue ; (car on la conçoit comme constituant et ne constituant pas l'idée de Dieu) ce qui est contre l'hypothèse. C'est pourquoi si l'idée de Dieu, dans l'attribut de la pensée, ou toute autre chose, dans un attribut quelconque de Dieu (car il en est de même, quoi que l'on suppose, puisque la démonstration est universelle), découle de la nécessité de la nature absolue de cet attribut, elle doit nécessairement être infinie. Voilà le premier point.

En second lieu, ce qui suit ainsi de la nécessité de la nature d'un certain attribut, ne peut avoir une durée déterminée.

Si vous le niez, supposez, dans un certain attribut de Dieu, une chose qui suive de la nécessité de la nature de cet attribut ; par exemple, dans l'attribut de la pensée, l'idée de Dieu, et supposez que cette idée n'ait pas existé en un certain temps, ou qu'elle doive ne pas exister. Comme la pensée est supposée un attribut de Dieu, elle doit exister, et nécessairement, et immuable (*par la Propos.* XI *et le Coroll.* II *de la Propos.* XX). Par conséquent, au delà des limites de la durée de l'idée de Dieu, (car on suppose qu'elle n'a pas existé en un certain temps, ou qu'elle doit ne pas exister), la pensée devra exister sans l'idée de Dieu. Or cela est contre l'hypothèse, puisque l'on suppose que, d'une pensée donnée, l'idée de Dieu s'ensuit nécessairement. Donc l'idée de Dieu, dans la pensée, ou toute autre chose qui suit nécessairement de la nature absolue de quelque attribut de Dieu, ne peut avoir une durée déterminée, mais est éternel par ce même attribut. Voilà le second point. Et notez qu'il faut affirmer la même chose de toute chose, quelle qu'elle soit, qui, dans un attribut de Dieu, s'ensuit nécessairement de la nature absolue de Dieu.

P R O P O S I T I O N XXII.

Tout ce qui suit d'un attribut de Dieu, en tant que modifié d'une modification qui existe, et nécessairement et infinie, par ce même attribut, doit exister aussi, et nécessairement et infini.

DÉMONSTRATION.

Pour démontrer cette Proposition, l'on procède de la même façon que pour la démonstration précédente.

P R O P O S I T I O N XXIII.

Tout mode qui existe, et nécessairement, et infini, a dû suivre nécessairement ou de la nature absolue de quelque attribut de Dieu, ou d'un attribut modifié d'une modification qui existe, et nécessairement, et infinie.

DÉMONSTRATION.

Un mode, en effet, est en autre chose, par quoi il doit être conçu (*par la Défin.* v), c'est-à-dire (*par la Propos.* xv) est en Dieu seul, et ne peut être conçu que par Dieu. Si donc un mode est conçu existant nécessairement, et infini, l'on en doit conclure de nécessité ces deux points ; autrement dit ce mode doit être perçu par quelque attribut de Dieu, en tant que l'on conçoit cet attribut exprimant l'infinité et la nécessité de l'existence, ou (*ce qui est la même chose par la Défin.* viii) l'éternité ; c'est-à-dire (*par la Défin.* vi *et la Propos.* xix) en tant que cet attribut est considéré d'une manière absolue. En conséquence, un mode qui existe, et nécessairement, et infini, a dû découler de la nature absolue de quelque attribut de Dieu ; et cela ou *immédiatement*, (*voyez à ce sujet la Propos.* xxi), ou *par l'intermédiaire* de quelque modification qui suit de la nature absolue de cet attribut, c'est-à-dire (*par la Propos. précéd.*) qui existe, et nécessairement, et infinie. C. Q. F. D.

PROPOSITION XXIV.

L'essence des choses produites par Dieu n'enveloppe pas l'existence.

DÉMONSTRATION.

Cela est évident par la Définition i. Une chose, en effet, dont la nature, (considérée en soi), enveloppe l'existence, est cause de soi, et existe par la seule nécessité de sa nature.

COROLLAIRE.

Il suit de là que Dieu n'est pas seulement la cause par laquelle les choses commencent d'exister, mais encore celle par laquelle elles persévèrent dans l'existence ; en d'autres termes, (pour employer un terme scholastique), Dieu est la cause de *l'être* des choses (*causa essendi*).

En effet, soit que les choses existent, soit qu'elles n'existent pas, toutes les fois que nous faisons attention à leur essence, nous trouvons que cette essence n'enveloppe ni l'existence, ni la durée. Par conséquent l'essence des choses ne peut être cause ni de leur existence, ni de leur durée ; mais Dieu seulement à la seule nature de qui il appartient d'exister (*par le Coroll.* i. *Propos.* xiv).

PROPOSITION XXV.

Dieu n'est pas seulement la cause efficiente de l'existence des choses, mais aussi de leur essence.

Si vous le niez, alors Dieu n'est pas la cause de l'essence des choses ; et, par conséquent, (*par l'Axiom.* iv) l'essence des choses peut être conçue sans Dieu. Or, (*par la Propos.* xv) cela est absurde. Donc Dieu est la cause de l'essence des choses. C. Q. F. D.

Cette Proposition résulte plus clairement de la Proposition xvi. De cette Proposition il s'ensuit, en effet, que, la nature divine étant donnée, l'essence des choses, aussi bien que leur existence, doit nécessairement en être conclue ; et, pour le dire d'un seul mot, au sens où Dieu est dit cause de soi, il doit être dit aussi cause de toutes choses ; ce qui ressortira encore avec la dernière évidence du Corollaire suivant.

Les choses particulières ne sont rien que les affections des attributs de Dieu ; en d'autres termes des *modes,* par lesquels les attributs de Dieu s'expriment d'une façon certaine et déterminée.

La démonstration en est évidente par la Proposition xv et par la Définition v.

P r o p o s i t i o n XXVI.

Une chose déterminée à faire quelque chose, a nécessairement été déterminée par Dieu de cette façon ; et celle qui n'est pas déterminée par Dieu, ne se peut déterminer elle-même à agir.

Ce qui détermine les choses à une certaine action, est nécessai-

rement quelque chose de positif, (comme cela se voit de soi). En
conséquence Dieu, par la nécessité de sa nature, est la cause efficiente tant de l'essence de ces choses que de leur existence (*par les
Propos.* xxv et xvi). Voilà le premier point.

De là suit, avec la dernière clarté, la seconde partie de la Proposition.

En effet, si une chose qui n'est pas déterminée par Dieu, pouvait
se déterminer elle-même, la première partie de cette Proposition serait fausse; ce qui est absurde, comme nous l'avons fait
voir.

PROPOSITION XXVII.

*Une chose qui est déterminée par Dieu à faire quelque chose, ne se
peut rendre elle-même indéterminée.*

DÉMONSTRATION.

Cette Proposition est évidente par l'Axiome iii.

PROPOSITION XXVIII.

*Tout objet particulier, en d'autres termes toute chose, quelle qu'elle
soit, qui est finie, et a une existence déterminée, ne peut exister, ni être
déterminée à agir, que si elle est déterminée à exister et à agir par
une autre cause, laquelle est aussi finie, et a une existence déterminée.
Et, de nouveau, cette cause ne peut exister, à son tour, ni être déterminée à agir, si elle n'est déterminée à exister et à agir par une autre
cause, laquelle est également finie, et a une existence déterminée. Et
ainsi à l'infini.*

DÉMONSTRATION.

Tout ce qui est déterminé à exister et à agir, est déterminé par

Dieu de cette façon (*par la Propos.* xxvi *et le Coroll. de la Propos.* xxiv). Or, ce qui est fini et a une existence déterminée, n'a pu être produit par la nature absolue de quelque attribut de Dieu; car tout ce qui suit de l'absolue nature d'un attribut de Dieu, est infini et éternel (*par la Propos.* xxi). Cet objet a donc dû découler de Dieu, ou de quelqu'un de ses attributs, en tant que l'on considère cet attribut affecté d'une certaine manière; car, en dehors de la Substance et de ses modes, il n'y a rien (*par l'Axiom.* i *et les Défin.* iii *et* v); et les *modes* (*par le Coroll. de la Propos.* xv) ne sont rien que les *affections* des attributs de Dieu. Or, cet objet n'a pu découler de Dieu, ou de quelqu'un de ses attributs, en tant que cet attribut est affecté d'une modification éternelle et infinie (*par la Propos.* xxii). Cet objet a donc dû découler de Dieu, ou être déterminé à exister et à agir par Dieu, ou par quelqu'un de ses attributs, en tant que cet attribut est modifié d'une modification qui est finie et a une existence déterminée. Voilà le premier point. En second lieu, cette cause ou ce mode, (*par la même raison à l'aide de laquelle nous avons déjà démontré la première partie de cette Proposition*) a dû, de son côté, être déterminée par une autre cause, laquelle est aussi finie et a une existence déterminée, et cette dernière de nouveau par une autre (*par la même raison*), et ainsi de suite à l'infini (*par la même raison*). C. Q. F. D.

S c h o l i e.

Comme certaines choses ont dû être produites immédiatement par Dieu, à savoir celles qui découlent nécessairement de sa nature absolue, par l'intermédiaire de ces premiers attributs, lesquels, sans Dieu, ne peuvent ni être, ni être conçus, il s'ensuit :

1° Que Dieu est la cause absolument prochaine des choses pro-

duites immédiatement par lui ; absolument prochaine, et non gé-
nérique, comme on dit ; car les effets de Dieu ne peuvent ni être,
ni être conçus sans leur cause (*par la Propos.* xv *et le Coroll. de la
Propos.* xxiv).

2° Il s'ensuit que Dieu ne peut être appelé proprement la cause
éloignée des choses particulières ; si ce n'est dans le cas où nous
distinguons ces choses particulières de celles que Dieu a produites
immédiatement ; ou plutôt qui découlent de sa nature absolue. Car, par cause éloignée, nous entendons celle qui n'est liée à
son effet en aucune manière. Or tout ce qui est, est en Dieu, et
dépend de Dieu de telle sorte, que, sans lui, il ne peut ni être, ni
être conçu.

PROPOSITION XXIX.

*Il n'y a rien de contingent dans la nature des choses ; mais toutes choses
ont été déterminées, par la nécessité de la nature divine, à exister et à
agir d'une manière donnée.*

DÉMONSTRATION.

Tout ce qui est, est en Dieu (*par la Propos.* xv). Or Dieu ne peut
être appelé chose contingente ; car, (*par la Propos.* xi) il existe nécessairement, et non d'une façon contingente.

D'autre part les *modes* de la nature divine ont découlé de cette
nature, nécessairement, et non contingemment (*par la Propos.* xvi) ; et cela soit que l'on considère la nature divine d'un
point de vue absolu (*par la Propos.* xxi), soit en tant qu'on la
considère déterminée à agir d'une manière donnée (*par la
Propos.* xxvii.)

Or Dieu n'est pas seulement la cause de ces modes, en tant qu'ils

existent simplement (*par le Coroll. de la Propos.* xxiv); mais encore
(*par la Propos.* xxvi) en tant qu'ils sont considérés comme déterminés à une certaine action. Que si ces modes (*par la même Propos.*)
n'ont pas été déterminés par Dieu, il est impossible, et non contingent, qu'ils se déterminent eux-mêmes; et, au contraire, (*par la
Propos.* xxvii) si ces modes ont été déterminés par Dieu, il est impossible, et non contingent, qu'ils se rendent eux-mêmes indéter-
minés.

Toutes choses ont donc été déterminées par la nécessité de la
nature divine, non seulement à exister, mais encore à exister et à
agir d'une manière donnée; et il n'y a rien de contingent dans la
nature des choses. C. Q. F. D.

S c h o l i e.

Avant d'aller plus loin, je veux expliquer ici, ou plutôt faire remarquer ce qu'il nous faut entendre par *Nature naturante*, et par
Nature naturée.

Il est manifeste, je pense, par tout ce qui précède, que, par
Nature naturante, nous devons entendre ce qui est en soi,
et est conçu par soi; en d'autres termes tels attributs de la
Substance, qui expriment une essence éternelle et infinie;
c'est-à-dire (*par le Coroll.* i *de la Propos.* xiv, *et le Coroll.* ii
de la Propos. xvii) Dieu, en tant qu'il est considéré comme cause
libre.

Par Nature naturée, au contraire, j'entends tout ce qui
suit de la nécessité de la nature divine, autrement dit de chacun des attributs de Dieu; c'est-à-dire *tous les modes* des attributs de Dieu, en tant qu'on les considère comme des choses
qui sont en Dieu, et qui, sans Dieu, ne peuvent ni être, ni être
conçues.

PROPOSITION XXX.

Un entendement fini en acte, *ou infini* en acte *doit comprendre les attributs de Dieu, et les affections de Dieu, et rien autre.*

DÉMONSTRATION.

Une idée *vraie* doit s'accorder avec son *objet* (*par l'Axiom.* VI). En d'autres termes, (comme cela se voit de soi), ce qui est contenu *objectivement* dans l'entendement, doit nécessairement *exister* dans la nature.

Or, dans la nature, (*par le Coroll.* I *de la Propos.* XIV) il n'y a QU'UNE SUBSTANCE UNIQUE, à savoir Dieu ; et aucunes autres *affections (par la Propos.* XV) que celles qui sont en Dieu, et qui, (*par la même Propos.*) sans Dieu, ne peuvent ni être, ni être conçues.

Par conséquent un entendement fini *en acte,* ou infini *en acte* doit comprendre les attributs de Dieu, et les affections de Dieu, et rien autre. C. Q. F. D.

PROPOSITION XXXI.

L'entendement en acte, *qu'il soit fini ou infini, comme la volonté, le désir, l'amour,* etc., *se doivent rapporter à la Nature* naturée, *et non à la Nature* naturante.

DÉMONSTRATION.

Par *entendement,* en effet, (*comme cela se voit de soi*) nous n'entendons pas la pensée absolue, mais seulement *un certain mode de penser,* lequel mode diffère des autres, tels que le désir, l'amour, etc... Par conséquent, (*par la Défin.* V) ce mode doit être conçu par la pensée absolue. En d'autres termes, (*par la Propos.* XV *et par la Dé-*

fin. vi) ce mode doit être conçu par quelque attribut de Dieu, exprimant l'essence éternelle et infinie de la pensée, de telle sorte que, sans lui, il ne puisse ni être, ni être conçu. Et c'est pourquoi ce mode (*par le Scholie de la Propos.* xxix) se doit rapporter à la Nature *naturée*, et non à la Nature *naturante*, tout comme les autres modes de penser. C. Q. F. D.

SCHOLIE.

Si je parle ici d'entendement *en acte*, ce n'est pas que j'accorde qu'il y ait aucun entendement *en puissance*. Mais, désirant éviter toute confusion, je n'ai voulu parler que de la chose que nous percevons avec la dernière évidence, à savoir *l'intellection elle-même* (1): la plus claire perception que nous puissions avoir. Nous ne pouvons rien entendre, en effet, qui ne nous donne de *l'intellection*, une connaissance plus parfaite.

PROPOSITION XXXII.

La volonté ne peut être appelée cause libre, *mais seulement cause* nécessaire (2).

DÉMONSTRATION.

La volonté n'est qu'un certain mode de penser, comme l'entendement. Par conséquent (*par la Propos.* xxviii) une volition quelconque ne peut exister, ni être déterminée à agir, si elle n'est déterminée par une autre cause, et celle-ci de nouveau par une autre, et ainsi de suite à l'infini.

Que si l'on suppose la volonté infinie, elle doit aussi, pour exister et pour agir, être déterminée par Dieu, non pas en tant qu'il

_____

(1) C'est-à-dire l'acte même de percevoir, de comprendre les choses. (*Note du traducteur.*)
(2) Voyez Partie ii, Propos. xlviii et suiv. — Lettre ii, etc.

est la Substance absolument infinie, mais en tant qu'il a un attribut, qui exprime l'essence infinie et éternelle de la pensée (*par la*
Propos. xxiii).

De quelque façon donc que l'on conçoive la volonté, soit finie,
soit infinie, elle exige une cause par laquellè elle soit déterminée
à exister et à agir ; et, par conséquent, (*par la Défin.* vii) elle ne
peut être appelée cause libre, mais seulement cause nécessaire ou
contrainte. C. Q. F. D.

Corollaire I.

Il suit de là, 1° que Dieu n'agit pas par une volonté libre.

Corollaire II.

Il suit de là : 2° que la volonté et l'entendement ont le même
rapport à la nature de Dieu, que le mouvement et le repos ; et absolument que toutes les choses naturelles qui (*par la Propos.* xxix),
pour exister et pour agir d'une manière donnée, doivent être déterminées par Dieu. Car la volonté, comme toutes les autres choses, a
besoin d'une cause qui la détermine à exister et à agir d'une manière
donnée. Et quoique, d'une volonté ou d'un entendement donnés,
une infinité de choses s'ensuivent, l'on ne peut pas plus dire,
néanmoins, par ce motif, que Dieu agit par une volonté libre,
que l'on ne peut dire des choses qui résultent du mouvement et du
repos (et il en résulte une infinité) que ces choses agissent par la
liberté du mouvement et du repos.

La volonté n'appartient donc pas plus à la nature de Dieu,
qu'aux autres choses naturelles (1) ; mais elle a, avec cette nature, le

---

(1) Le texte dit : « Quare voluntas ad Dei naturam non magis pertinet *quam reliqua*
naturalia. » La phrase, ainsi conçue, ne nous paraît présenter aucun sens. C'est pourquoi,
entre *quam* et *reliqua naturalia*, nous ajoutons *ad* qui, vraisemblablement, a été omis lors
de l'impression du manuscrit.

même rapport que le mouvement et le repos, et toutes les autres choses que nous avons montré suivre de la nécessité de la nature divine, et être déterminées par elle, à exister et à agir d'une manière donnée.

Proposition XXXIII.

Les choses n'ont pu être produites par Dieu de nulle autre manière, ni dans un autre ordre que celui où elles ont été produites.

Démonstration.

Toutes choses, en effet, ont suivi nécessairement de la nature donnée de Dieu (*par la Propos.* xvi), et ont été déterminées par la nécessité de la nature divine, à exister et à agir d'une certaine manière (*par la Propos.* xxix). Si donc les choses avaient pu être d'une autre nature, ou si elles avaient pu être déterminées à agir d'une autre manière, comme l'ordre de la nature eût été différent, alors la nature de Dieu eût pu être aussi tout autre qu'elle n'est présentement. Par suite (*par la Propos.* xi), cette autre nature devrait exister également; et, conséquemment, il pourrait y avoir deux ou plusieurs Dieux : ce qui est absurde (*par le Coroll.* i *de la Propos.* xiv). C'est pourquoi les choses n'ont pu être produites de nulle autre manière, ni dans un autre ordre, etc. C. Q. F. D.

Scholie I.

Après avoir montré plus clairement que la lumière du jour, par ce qui précède, qu'il n'y a rien absolument, dans les choses, qui les puisse faire appeler contingentes, je veux expliquer maintenant, en peu de mots, ce qu'il nous faudra entendre par *contingent.*

Mais, auparavant, mentionnons ce que nous devons entendre par *nécessaire,* et par *impossible.*

Une chose est dite *nécessaire*, soit sous le rapport de son essence, soit sous le rapport de sa cause. L'existence d'une chose, en effet, résulte nécessairement ou de son essence et de sa définition, ou d'une cause efficiente donnée.

C'est aussi pour les mêmes motifs qu'une chose est dite *impossible ;* sans contredit parce que soit son essence ou sa définition enveloppe contradiction, soit parce qu'il n'y a aucune cause extérieure déterminée à produire cette chose.

Mais une chose ne peut être appelée *contingente*, qu'au défaut uniquement de notre connaissance. Car une chose dont nous ignorons si l'essence enveloppe contradiction, ou de laquelle nous savons parfaitement que cette essence n'enveloppe aucune contradiction, et de l'existence de qui, néanmoins, nous ne pouvons affirmer rien de certain, parce que l'ordre des causes nous est caché, cette chose ne nous peut jamais paraître ni nécessaire, ni impossible. Et c'est pourquoi nous l'appelons ou contingente, ou possible.

S c h o l i e II.

Il suit clairement de ce qui précède que les choses ont été produites par Dieu avec une souveraine perfection, puisqu'elles ont découlé nécessairement d'une nature donnée très parfaite. Et cela n'accuse Dieu d'aucune imperfection. C'est sa perfection même qui nous force de l'affirmer. Car, d'une affirmation contraire, il résulterait manifestement (comme je l'ai montré plus haut) que Dieu n'est pas souverainement parfait; puisque si les choses avaient pu être produites d'une autre façon, il faudrait attribuer à Dieu une autre nature, différente de celle que, d'après la considération d'un Être très parfait, nous avons été obligés de lui attribuer.

Je ne doute pas, cependant, que beaucoup ne rejettent cette opinion comme absurde, et ne veuillent pas s'arrêter à y réfléchir; et cela par nul autre motif que parce qu'ils sont accoutumés d'attribuer à Dieu une autre liberté, bien différente de celle que nous avons exprimée dans la *Défin.* VI; c'est à savoir la volonté absolue.

Mais si ces personnes voulaient méditer la chose, et bien peser en elles-mêmes l'enchaînement de nos démonstrations, je ne doute pas non plus qu'elles ne rejetassent entièrement, non seulement comme futile, mais encore comme le plus grand obstacle à la science, la liberté telle qu'ils l'attribuent à Dieu. Et il n'est pas besoin de répéter ici, ce qui a été dit au Scholie de la Proposition XVII.

Cependant, en considération de ces personnes, je vais montrer présentement que, lors même que l'on accorderait que la volonté appartient à l'essence de Dieu, il s'ensuit néanmoins, de sa perfection, que les choses n'ont pu être créées par lui de nulle autre manière, ni dans un autre ordre. Et c'est ce qu'il est facile de faire voir si nous considérons d'abord ce point, qu'ils accordent euxmêmes, à savoir qu'il dépend du seul décret et de la volonté de Dieu que chaque chose soit ce qu'elle est. Autrement, en effet, Dieu ne serait pas la cause de toutes choses. Si nous considérons ensuite que tous les décrets de Dieu ont été sanctionnés par lui de toute éternité. Autrement, en effet, il pourrait être accusé d'imperfection ou d'inconstance.

Mais comme, dans l'éternité, il n'y a ni *quand*, ni *avant*, ni *après*, il suit de là, et de la seule perfection de Dieu, que Dieu ne peut et n'a jamais pu décréter autre chose; en d'autres termes que Dieu n'a pas été avant ses décrets, et ne peut exister sans eux.

—Mais, diront-ils, lors même que l'on supposerait que Dieu a fait une autre nature des choses, ou qu'il a décrété, de toute éternité, autre chose sur la nature et son ordre, il ne résulterait de là aucune imperfection pour Dieu.

— Mais, en parlant ainsi, ces personnes conviendront en même temps que Dieu peut changer ses décrets. Car si Dieu avait décrété sur la nature et son ordre autrement qu'il ne l'a fait, ce qui revient à dire qu'il eût conçu et voulu touchant la nature d'une toute différente manière, nécessairement il aurait eu un autre entendement et une volonté autre que celui et que celle qu'il a présentement. Et s'il est permis d'attribuer à Dieu un autre entendement et une autre volonté, sans aucun changement de son essence et de sa perfection, pourquoi ne pourrait-il pas changer ses décrets sur les choses créées, et, néanmoins, demeurer aussi parfait? Car l'entendement de Dieu et sa volonté, à l'égard des choses créées et de leur ordre, sont exactement les mêmes, de quelque façon qu'on les considère, par rapport à son essence et à sa perfection.

D'autre part, tous les philosophes que j'ai lus, concèdent qu'il n'y a, en Dieu, nul entendement en puissance, mais seulement *en acte.* Or, comme l'entendement de Dieu et sa volonté ne se distinguent point de son essence, de l'avis unanime également ; il s'ensuit encore que si Dieu eût eu, *en acte,* un autre entendement et une autre volonté, son essence, nécessairement, eût été différente. Et, alors (comme je l'ai conclu dès le commencement), si les choses avaient été produites par Dieu autrement qu'elles ne sont présentement, son entendement et sa volonté, c'est-à-dire, comme on l'accorde, son essence devrait être tout autre ; ce qui est absurde.

Comme donc les choses n'ont pu être produites par Dieu de nulle autre manière, ni dans un autre ordre, et que cette vérité résulte de la souveraine perfection de Dieu, aucune saine raison ne peut assurément nous faire croire que Dieu n'ait pas voulu créer toutes les choses qui sont dans son entendement, avec la même perfection qu'il comprend ces choses.

— Mais, dira-t'on, dans les choses, il n'y a ni perfection, ni imperfection. Ce qui est parfait ou imparfait dans les choses ; ce qui fait qu'on les appelle bonnes ou mauvaises, dépend uniquement de la volonté de Dieu. Et, alors, si Dieu l'eût voulu, il eût pu faire que ce qui est maintenant la perfection, fût la souveraine imperfection, et réciproquement.

— Mais qu'est-ce autre chose ceci, qu'affirmer ouvertement que Dieu, qui comprend nécessairement ce qu'il veut, peut faire, par sa volonté, qu'il comprenne les choses d'une autre manière qu'il les comprend? Absurdité sans égale, comme je l'ai montré tout à l'heure.

Je puis donc retourner contre mes adversaires leur argument, et de la façon suivante :

Toutes choses dépendent de la puissance de Dieu. Pour que les choses pussent être autrement qu'elles ne sont, la volonté de Dieu, nécessairement, devrait aussi être autre. Or, la volonté de Dieu ne peut être autre, (comme nous l'avons fait voir précédemment avec la dernière évidence par la perfection de Dieu); par conséquent les choses non plus ne peuvent être autrement.

J'avoue que cette opinion, qui soumet toutes choses à une certaine volonté indifférente de Dieu, et qui déclare que tout dépend de son bon plaisir, s'éloigne moins de la vérité que l'opinion de ceux qui décident que Dieu fait toutes choses en vue du bien. Ceux-là, en effet, semblent placer, hors de Dieu, quelque chose qui ne dépend point de lui, et vers quoi il se tourne dans son travail, comme vers un modèle, ou à quoi il s'efforce péniblement d'atteindre, comme à un but déterminé. Ce qui n'est rien autre, assurément, que soumettre Dieu au *fatum* : la plus grosse absurdité qui se puisse dire de Dieu, que nous avons montré être la cause première, unique et libre, tant de l'essence de toutes choses, que de leur existence. C'est pourquoi je ne perdrai pas mon temps à réfuter ces absurdités.

PROPOSITION XXXIV.

La puissance de Dieu est l'essence même de Dieu.

DÉMONSTRATION.

De la seule nécessité de l'essence de Dieu, en effet, il s'ensuit que Dieu est cause de soi (*par la Propos.* xi), et de toutes choses (*par la Propos.* xvi *et son Coroll.*). Par conséquent la puissance de Dieu, par laquelle lui-même et toutes choses sont et agissent, est son essence même. C. Q. F. D.

PROPOSITION XXXV.

Tout ce que nous concevons être en la puissance de Dieu, est nécessairement.

DÉMONSTRATION.

En effet, tout ce qui est en la puissance de Dieu, doit (*par la Propos. précéd.*) être compris en son essence de telle sorte, qu'il en résulte nécessairement; et, par conséquent, est nécessaire. C. Q. F. D.

PROPOSITION XXXVI.

Rien n'existe de la nature de qui quelque effet ne s'ensuive.

DÉMONSTRATION.

Tout ce qui existe exprime la nature ou l'essence de Dieu d'une

manière certaine et déterminée (*par le Coroll. de la Propos.* xxv);
c'est-à-dire (*par la Propos.* xxxiv) que tout ce qui existe exprime
la puissance de Dieu, laquelle est cause de toutes choses, d'une
manière certaine et déterminée. De tout ce qui existe, par conséquent (*par la Propos.* xvi) quelque effet doit s'ensuivre. C. Q. F. D.

APPENDICE

I

Par ce qui précède, j'ai expliqué la nature de Dieu et ses propriétés, ainsi : qu'il existe nécessairement ; qu'il est unique; qu'il
est, et qu'il agit par la seule nécessité de sa nature ; qu'il est la
cause libre de toutes choses, et de quelle façon ; que toutes choses
sont en Dieu, et dépendent de lui de telle sorte que, sans lui, elles
ne peuvent ni être ni être conçues ; et, enfin, que tout a été pré-
déterminé par Dieu, non point par la liberté de sa volonté ou par
son absolu bon-plaisir; mais par la nature absolue de Dieu, en
d'autres termes par sa puissance infinie.

Ensuite, partout où l'occasion s'en est présentée, j'ai pris soin
d'écarter les préjugés qui pouvaient empêcher de saisir mes démonstrations. Mais comme il n'en reste pas peu de ces préjugés qui
pouvaient, qui peuvent surtout empêcher les hommes d'embrasser
l'enchaînement des choses de la manière dont je l'ai expliqué, j'ai jugé
utile de soumettre ici ces préjugés à l'examen de la raison. Et comme
tous les préjugés que j'entreprends d'indiquer présentement, dépendent de cet unique point, à savoir, que les hommes supposent com-

munément que toutes les choses de la nature agissent comme eux-mêmes pour une fin ; bien plus que Dieu, — ils le tiennent pour certain, — dirige toutes choses vers une certaine fin, (ne disent-ils pas, en effet, que Dieu a fait toutes choses pour l'homme, et l'homme, pour en être adoré ?) c'est ce point que je considérerai en premier lieu.

Je vais donc chercher tout d'abord pourquoi la plupart des hommes acquiescent à ce préjugé, et pourquoi tous sont si enclins, par nature, à l'embrasser. J'en montrerai ensuite la fausseté ; et, enfin, je ferai voir comment de là sont nés les préjugés du *bien* et du *mal*, du *mérite* et du *péché*, de la *louange* et du *blâme*, de l'*ordre* et du *désordre*, de la *beauté* et de la *laideur*, et autres de cette espèce.

Ce n'est point ici le lieu de déduire toutes ces idées de la nature de l'âme humaine. Il suffira, pour l'instant, que je prenne pour fondement cette vérité, qui doit être reconnue de tous, à savoir : *que tous les hommes naissent ignorants des causes, et que tous ont le désir de rechercher ce qui leur est utile; ce dont ils ont conscience.*

D'où il suit, *premièrement*, que les hommes pensent être libres, parce qu'ils ont conscience de leurs volitions et de leurs désirs. Quant aux causes qui les disposent à désirer et à vouloir, comme ils les ignorent, ils n'y pensent pas même en songe.

Il suit de là, *secondement*, que les hommes font toutes choses pour une fin, c'est-à-dire pour l'avantage qu'ils désirent obtenir. D'où il arrive que, pour les faits accomplis, ils ne souhaitent jamais que d'en connaître les causes finales ; et dès qu'ils les ont ouïes, ils demeurent en repos ; sans doute parce qu'ils n'ont plus aucun motif de douter désormais. Que s'ils n'ont pu apprendre de la bouche d'autrui, ces causes finales, il ne leur reste plus qu'à se tourner vers eux-mêmes, et à réfléchir aux causes qui les déterminent d'ordinaire à des actes semblables. Et c'est ainsi qu'ils ju-

gent nécessairement du caractère d'autrui, d'après leur propre caractère. De plus, trouvant en eux, et hors d'eux, quantité de
moyens qui ne leur sont pas d'un médiocre secours pour atteindre
ce qui leur est utile : par exemple, les yeux pour voir, les dents
pour mâcher, les végétaux et les animaux pour s'alimenter, le
soleil pour les éclairer, la mer pour nourrir les poissons, etc., il
en est résulté qu'ils considèrent toutes les choses de la nature,
comme des moyens destinés à leur utilité.

Mais comme ces moyens, s'ils les ont trouvés, ils savent parfaitement que ce n'est pas eux qui les ont préparés, ils en ont tiré
ce motif de croire, qu'il existe quelque autre, qui a disposé ces
moyens pour leur usage.

En effet, après avoir considéré les choses comme des moyens, ils
n'ont pu croire que ces choses se fussent faites toutes seules : mais,
des moyens qu'ils ont accoutumé de préparer pour eux-mêmes, ils
ont dû conclure qu'il existe un ou plusieurs maîtres de la nature,
doués de la liberté humaine, qui ont pris soin de toutes choses en
faveur de l'homme, et ont tout fait pour son usage. Et comme ils
n'avaient jamais rien ouï dire du caractère de ces maîtres, ils en
durent juger d'après le leur propre. Ils décidèrent, en conséquence,
que les Dieux dirigent toutes choses pour l'utilité des hommes,
afin de se les attacher, et d'être tenus par eux en suprême hon-
neur. D'où il s'est fait que chacun, selon son tempérament, a
imaginé diverses manières d'honorer Dieu, afin que Dieu le chérît
au-dessus des autres, et dirigeât la nature entière dans l'intérêt
de son aveugle cupidité et de son insatiable avarice. C'est ainsi que
ce préjugé s'est tourné en superstition, et a jeté dans les âmes de
profondes racines. Et telle est la cause qui a fait que chacun s'est
étudié, de toutes ses forces, à connaître les causes finales de toutes
choses, et à les expliquer.

Mais, tandis qu'ils cherchaient à montrer que la nature ne fait rien en vain, (c'est-à-dire qui ne soit pour l'utilité des hommes), ils semblent n'avoir fait voir qu'une chose, c'est que la nature, et les Dieux, et les hommes, délirent d'une égale manière. Et voyez, je vous prie, où la chose en est finalement arrivée.

Parmi tant d'avantages que fournit la nature, les hommes dûrent rencontrer bon nombre d'inconvénients; ainsi, les tempêtes, les tremblements de terre, les maladies, etc. Ils décidèrent alors que tous ces maux arrivaient, parce que les Dieux étaient irrités des offenses que leur faisaient les hommes, c'est-à-dire des fautes commises contre leur culte. Et quoique l'expérience protestât tous les jours, et montrât, par une foule d'exemples, que les biens et les maux surviennent indistinctement aux hommes pieux et aux impies, ils ne démordirent pas pour cela de leurs préjugés invétérés. Ils trouvèrent plus facile de ranger ces anomalies, parmi d'autres faits inconnus dont ils ignoraient la destination, et de conserver ainsi leur état présent et inné d'ignorance, plutôt que de jeter bas tout cet échafaudage, et d'en inventer un nouveau. C'est de là qu'ils tinrent pour certain, que les jugements des Dieux surpassent infiniment la portée de l'entendement humain. Et cela seul eût suffi, sans aucun doute, pour que la vérité fût éternellement cachée au genre humain, si les Mathématiques, qui ne s'occupent pas des causes finales, mais uniquement de l'essence et des propriétés des figures, n'eussent montré aux hommes une autre règle de vérité. Et, outre les mathématiques, on pourrait assigner encore d'autres causes, inutiles à énumérer ici, qui ont pu faire remarquer aux hommes ces préjugés communs, et les conduire à la vraie connaissance des choses.

II

J'ai suffisamment expliqué par ce qui précède, ce que j'ai pro-
mis de montrer en premier lieu. Pour faire voir à présent que la
nature ne se fixe d'avance aucune fin, et que toutes les causes
finales ne sont que fictions humaines, il n'est pas besoin de beaucoup d'explications. La chose est assez constante maintenant, à
mon avis, tant par les fondements et par les causes d'où j'ai montré que ce préjugé tire son origine, que par la *Propos.* xvi *et le
Coroll. de la Propos.* xxxii, et par toutes les raisons à l'aide desquelles j'ai fait voir que toutes les choses de la nature se dévelop-
pent d'après une certaine nécessité éternelle, et avec une souveraine perfection.

J'ajouterai cependant encore ceci, c'est que cette doctrine, sur
les causes finales, renverse complétement l'ordre de la nature. En
effet, ce qui est réellement cause, elle le considère comme effet; et
réciproquement. En second lieu, ce qui est antérieur par nature,
elle lui assigne un rang postérieur. Et, enfin, ce qui est le plus
élevé et la perfection même, elle le rend souverainement imparfait.

Omettant les deux premiers points, parce qu'ils sont manifestes
par eux-mêmes, n'est-il pas évident (*par les Propos.* xxi, xxii
et xxiii), que l'effet le plus parfait c'est celui qui est produit immédiatement par Dieu ; et que plus une chose, pour être produite,
a besoin d'un plus grand nombre de causes intermédiaires, plus elle
est imparfaite? Or, si les choses qui ont été produites immédiatement par Dieu, avaient été faites pour que Dieu atteignît la fin qu'il
se proposait, alors, nécessairement, les dernières, en vue de qui les
premières ont été faites, seraient de toutes les plus excellentes.

Cette doctrine détruit ensuite la perfection de Dieu. En effet, si

Dieu agit pour une fin, il désire nécessairement quelque chose
dont il est privé. Et bien que les Théologiens et les Métaphysiciens
distinguent entre une fin par *indigence* et une fin par *assimilation*,
ils avouent cependant que Dieu a fait toutes choses pour lui-même,
et non pour les choses qu'il allait créer ; car ils ne peuvent rien assigner, avant la création, que Dieu, en vue de qui Dieu agirait.
D'où ils sont forcés d'avouer nécessairement que Dieu a manqué
des choses en vue desquelles il a préparé des moyens pour les
obtenir, et qu'il a désiré ces choses ; comme cela est évident de soi.

Et il ne faut pas passer ici sous silence, que les sectateurs de
cette doctrine, qui ont voulu faire éclater leur génie en assignant
des causes finales aux choses, pour prouver cette doctrine, ont
apporté un nouveau genre d'argumentation, qui est de réduire
leurs adversaires non à l'impossible, mais *à l'ignorance;* ce qui
montre bien qu'il n'est pour cette doctrine nul autre moyen de
défense.

Qu'une pierre tombe, par exemple, du toit d'une maison, sur la
tête d'un passant, et le tue, ils démontreront, par cette manière de
raisonner, que la pierre est tombée tout exprès pour tuer l'homme
qui passait. Car, disent-ils, si cette pierre, par la volonté de Dieu,
n'était pas tombée pour cette fin, comment tant de circonstances (et
souvent il s'en présente un grand nombre à la fois), auraient-elles
pu concourir par hasard ?

— L'accident est arrivé, répondrez-vous peut-être, parce que le
vent a soufflé, et que l'homme suivait ce chemin.

— Mais, répliqueront-ils, pourquoi le vent a-t-il soufflé en ce
temps-là ? Pourquoi l'homme passait-il par là juste au même mo-
ment ?

— Le vent s'est élevé, direz-vous, parce que la mer avait com-
mencé de s'agiter la veille, quoique le temps fût encore calme ;

et l'homme a passé par là, parce qu'il avait été invité par un ami.

— Mais, insisteront-ils (car il n'y a nulle fin à leurs questions), pourquoi la mer était-elle agitée? Pourquoi l'homme a-t-il été invité dans ce temps-là?

Et, ainsi de suite, ils ne cesseront de demander les causes des causes, jusqu'à ce qu'ils se soient réfugiés finalement à la volonté de Dieu, c'est-à-dire à *l'asile de l'ignorance*.

De même, lorsqu'ils voient la structure du corps humain, ils tombent en stupéfaction, et parce qu'ils ignorent les causes d'un si grand art, ils en concluent que ce n'est point par la *mécanique*, mais par un art divin ou surnaturel que cette structure est fabriquée et constituée de telle sorte qu'une partie ne blesse pas l'autre. D'où il arrive que celui qui recherche les causes véritables des miracles, et qui s'applique à comprendre les choses de la nature comme un savant, au lieu de les admirer en stupide, est tenu aussitôt pour hérétique et pour impie, et proclamé tel par ceux que le vulgaire adore comme les interprètes de la nature et des Dieux. Ils savent bien, en effet, que, l'ignorance disparue, l'étonnement, c'est-à-dire l'unique moyen qu'ils possèdent d'argumenter et de défendre leur autorité, cesserait d'être aussitôt.

Mais je laisse ceci de côté, et je passe à ce que j'ai résolu de traiter en troisième lieu.

III

Après que les hommes se furent persuadés que tout ce qui existe, a été fait à cause d'eux, dans chaque chose ils durent considérer comme principal, ce qui leur était le plus utile, et estimer comme préexcellentes toutes celles dont ils étaient affectés de la façon la meilleure. C'est de là qu'ils dûrent former ces notions à l'aide desquelles ils expliquèrent la nature des choses ; telles que le *Bien*, le *Mal*, l'*Ordre*, la *Confusion*, le *Chaud*, le *Froid*, la *Beauté*, la *Laideur*. Et, comme les hommes se croient libres, d'autres notions résultèrent des précédentes, comme la *Louange* et le *Blâme*, le *Péché* et le *Mérite*. Je parlerai plus bas de ces dernières notions(1), lorsque j'aurai traité de la nature humaine. Pour l'instant je vais expliquer les premières brièvement.

Les hommes appelèrent donc *Bien* tout ce qui sert à la santé et au culte de Dieu ; et *Mal*, tout ce qui y est contraire. Et comme ceux qui ne comprennent pas la nature des choses, ne présentent rien, dans leurs affirmations, qui ait trait aux choses elles-mêmes, mais imaginent seulement ces choses, et prennent leur imagination pour l'entendement ; c'est pour cela qu'ils croient fermement que l'ordre existe dans les choses ; ignorants et des choses, et de leur propre nature.

Ainsi, les choses sont-elles disposées de telle sorte que, lorsqu'elles nous sont représentées par les sens, nous puissions les imaginer aisément, et conséquemment nous en ressouvenir avec facilité, nous disons que ces choses sont bien ordonnées ? En est-il différemment ? Nous disons que ces choses sont mal ordonnées ou confuses. Et comme les choses que nous pouvons imaginer facilement, nous sont agréables au-dessus de toutes les autres ; c'est pourquoi les hommes préfèrent l'ordre à la confusion ; comme si l'ordre, en dehors de ce qui a rapport à notre imagination, était quelque chose dans la nature. Ils disent ensuite que Dieu a créé toutes choses avec ordre ; lui attribuant ainsi, sans s'en douter, l'imagination. À moins, peut-être, qu'ils ne veuillent que Dieu, plein de pré-

---

(1) Voyez *Éthique*, Partie IV, le Scholie II de la Propos. XXXVII.

voyance pour l'imagination humaine, n'ait disposé toutes choses
de la manière où elles puissent être imaginées avec le plus
de facilité. Et ils ne seront sans doute pas arrêtés par ce fait,
que l'on trouve une infinité de choses qui surpassent de beaucoup
notre imagination, et un grand nombre qui la confondent à cause
de sa faiblesse. Mais en voilà assez sur ce point.

Pour les autres notions de même sorte, elles ne sont rien de
plus, également, que des modes d'imaginer, par lesquels l'imagination est affectée de diverses manières. Et, cependant, ces notions sont considérées par les ignorants, comme les principaux
attributs des choses, parce qu'ils croient, ainsi que nous l'avons
déjà dit, que toutes choses ont été faites en vue d'eux-mêmes, et
que, à leur sens, la nature d'un objet est bonne ou mauvaise,
saine ou pourrie et corrompue, suivant la façon dont ils en sont
affectés.

Si le mouvement, par exemple, que les nerfs reçoivent des objets représentés par les yeux, contribue à la santé; les objets,
causes de ce mouvement, sont *beaux*, disent-ils; et *laids*, ceux qui
produisent un effet contraire. Les objets qui excitent les sens par
le moyen des narines, ils les appellent ensuite odorants ou fétides;
à l'aide de la langue, doux ou amers, sapides ou insipides; par l'en-
tremise du tact, durs ou mous, rugueux ou polis. Enfin les objets
qui excitent les oreilles produisent, dit-on, un bruit, un son, ou
l'harmonie. Et, à cet égard, les hommes en sont arrivés finalement à ce point de démence, de croire que Dieu, lui aussi, est dé-
lecté par l'harmonie. Il y a même eu des philosophes qui se sont
persuadés que les mouvements célestes composent une certaine
harmonie.

Tout ceci montre suffisamment que chacun juge des choses
d'après la disposition de son cerveau; ou, plutôt, a pris pour la

5

réalité des choses elles-mêmes, les affections de l'imagination. Il n'est donc pas étonnant, pour le noter encore en passant, que tant de controverses, dont nous sommes témoins, se soient élevées entre les hommes, et qu'elles aient enfin donné naissance au scepticisme. Car, bien que les corps humains s'accordent en beaucoup de points, ils diffèrent cependant en quantité d'autres. Et c'est pourquoi ce qui paraît bon à l'un, semble mauvais à l'autre; ce qui est ordonné pour celui-ci, est confus pour celui-là; ce qui est agréable à un tel, est désagréable à tel autre. Et ainsi de suite du reste, dont je m'abstiens de parler, tant parce que ce n'est pas le lieu d'en traiter avec détail, que parce que tous l'ont suffisamment éprouvé. Ces dictons ne sont-ils pas dans la bouche de tout le monde? — *Autant de têtes, autant d'avis.* — *Chacun abonde en son sens.* — *Il n'y a pas moins de différences dans les cerveaux que dans les palais.* — Ces sentences montrent assez que les hommes jugent des choses d'après la disposition de leur cerveau, et les imaginent plutôt qu'ils ne les comprennent. Car s'ils comprenaient les choses, toutes (témoin les mathématiques), les convaincraient pour le moins, si elles n'avaient le pouvoir de les charmer.

Nous voyons donc que toutes les raisons par lesquelles le vulgaire a coutume d'expliquer la nature, ne sont que des modes d'imaginer, et ne marquent la nature d'aucune chose, mais seulement *la constitution de l'imagination.* Et comme ces modes ont des noms, comme si c'étaient des êtres existant en dehors de l'imagination, j'appelle ces êtres, non de raison, *mais d'imagination.* Et, par là, tous les arguments que l'on tire contre nous de semblables notions, pourront être aisément repoussés.

Un grand nombre, en effet, ont coutume de raisonner de la sorte.

« Si toutes choses, disent-ils, s'ensuivent de la nécessité de la nature souverainement parfaite de Dieu, d'où proviennent tant d'imperfections dans la nature? Ainsi, la corruption des choses jusqu'à l'infection, leur laideur qui excite le dégoût; le désordre, le mal, le péché, etc. »

Mais, comme je l'ai dit tout à l'heure, tout ceci se réfute facilement. Car la perfection des choses se doit mesurer sur leur seule nature et leur seule puissance ; et les choses n'en sont ni plus ni moins parfaites parce qu'elles flattent les sens des hommes ou qu'elles les offensent, qu'elles sont utiles à la nature humaine, ou qu'elles lui sont contraires.

Quant à ceux qui demandent pourquoi Dieu n'a pas créé tous les hommes de telle sorte qu'ils se gouvernassent par la seule conduite de la raison, je n'ai rien autre chose à répondre, sinon que la matière ne lui a pas manqué pour créer toutes choses, depuis le plus haut degré jusqu'au dernier degré de perfection; ou, pour parler plus proprement, que les lois de sa nature ont été assez amples, pour suffire à produire tout ce qui peut être conçu par un entendement infini, comme je l'ai démontré dans la Proposition xvi.

Tels sont les préjugés que j'ai entrepris de noter ici. S'il en reste encore quelques-uns de même sorte, une médiocre réflexion suffira à chacun pour les redresser.

FIN DE LA PREMIÈRE PARTIE.

B. DE SPINOZA

TRADUIT ET ANNOTÉ PAR J.-G. PRAT

Tome Ier. *Vie de Spinoza*, avec portrait et autographe. — Principes de la Philosophie de Descartes. — Méditations métaphysiques (traduits en français pour la première fois). In-18, prix .... 4 fr.
Tome II. *Traité théologico-politique*, prix .... 4 fr.
TRAITÉ POLITIQUE traduit en français pour la première fois. (*Épuisé.*)
De la droite manière de vivre, petit in-18, prix .... 1 fr.

NOUVELLE
GÉOGRAPHIE UNIVERSELLE
LA TERRE ET LES HOMMES

PAR
ÉLISÉE RECLUS
Tome V
L'EUROPE SCANDINAVE ET RUSSE

UN MAGNIFIQUE VOLUME IN-8 JÉSUS
CONTENANT 9 CARTES TIRÉES À PART ET EN COULEUR,
200 cartes insérées dans le texte et 80 gravures sur bois d'après les dessins de MM. BARCLAY, BEAUBOIS, HUBERT CLERGET, LANCELOT, P. LIX, E. RONJAT, SELLIER, SLOM, TAYLOR, THÉROND, etc.

Broché ....
Richement relié avec fers spéciaux, dos et plat, tranches dorées ....
Ce volume complète la Géographie universelle

En vente : Tome Ier, L'EUROPE MÉRIDIONALE (Grèce, Turquie, Italie, Espagne et Portugal). — Un volume in-8 jésus, contenant 5 cartes en couleur, insérées dans le texte et 75 gravures sur bois.
Tome II. LA FRANCE. — Un volume in-8 jésus, contenant des cartes en couleur, 10 cartes en couleur, 251 cartes insérées, etc.
Tome III. L'EUROPE CENTRALE (Suisse, Autriche, Allemagne), contenant 10 cartes en couleur, 246 cartes dans le texte, etc.
Tome IV. L'EUROPE DU NORD-OUEST (Belgique, Hollande, etc.). — Un volume in-8 jésus, contenant 6 cartes en couleur, etc.
Prix de chaque volume : broché, 30 fr., relié 37 fr.

CONDITIONS ET MODE DE LA PUBLICATION

La *Nouvelle Géographie universelle* de M. Élisée Reclus se composera de 19 à 20 grands volumes in-8 (environ 800 livraisons). Chaque volume, comprenant la description d'une partie du globe, etc., formera pour ainsi dire un ensemble complet et se vendra séparément.
Chaque livraison, composée de 16 pages et d'une couverture, et contenant un ou plusieurs sujets, une carte tirée en couleur, et généralement plusieurs cartes insérées dans le texte, se vend 50 centimes.
Il paraît régulièrement une livraison par semaine depuis le 1 mai 1875.

24.206. — Typographie A. Lahure, rue de Fleurus, 9, à Paris.

B. DE SPINOZA

ÉTHIQUE

Deuxième Partie

DE L'AME

Traduite et annotée par J.-G. PRAT

PRIX : 5 FRANCS

PARIS
LIBRAIRIE HACHETTE ET Cie
79, BOULEVARD SAINT-GERMAIN, 79

1883

ÉTHIQUE

Deuxième partie

DE LA NATURE ET DE L'ORIGINE

DE L'AME

Ⓒ

SOMMAIRE

Dans cette seconde partie, la plus difficile de toutes, Spinoza s'attache à démontrer que, de même que la substance *étendue* et la substance *pensante*, en d'autres termes ce que l'on appelle la *Matière* et l'*Esprit*, ne sont qu'une seule et même *Substance* infinie; de même l'âme et le corps ne sont *qu'un seul et même individu*, qui est conçu tantôt sous un aspect, et tantôt sous un autre.

L'âme humaine, dit-il, c'est l'*idée* elle-même ou la *connaissance* du corps humain, et l'*objet* de l'idée qui constitue l'âme humaine, c'est le *corps;* c'est-à-dire un certain mode de l'étendue existant *en acte;* le corps, tel que nous le sentons, et rien autre.

Par conséquent, toutes les impressions reçues par le corps humain, son *objet*, l'âme humaine les doit percevoir; par conséquent l'âme humaine ne se connaît elle-même, qu'en tant qu'elle perçoit les *idées* des affections de son corps; et toutes ces affections, toutes ces impressions du corps s'ordonnent et s'enchaînent dans l'âme, exactement dans l'ordre et dans l'enchaînement où elles ont été reçues par le corps.

Mais, quand l'âme perçoit les choses extérieures, uniquement par les affections de son corps; en d'autres termes, toutes les fois que l'âme est déterminée *par la seule rencontre fortuite des choses*, à contempler ceci ou cela, l'âme n'a de ces choses, et de son corps, et d'elle-même, qu'une connaissance fort confuse; et elle est le jouet de tout ce qui l'entoure.

Ce n'est qu'en tant qu'elle est disposée *intérieurement* à comprendre les convenances, les différences et les oppositions des diverses choses qu'elle perçoit, que l'âme a une connaissance claire et d'elle-même, et de son corps, et des corps extérieurs; qu'elle prend possession d'elle-même; et qu'elle peut établir sa maîtrise sur les choses multiples dont elle est environnée.

De là plusieurs genres de connaissance.

6

1° La connaissance, *par ouï dire*, ou par une *expérience vague* des choses que les sens représentent à notre entendement, d'une façon mutilée et confuse.

Ce premier genre de connaissance, l'*unique cause de la fausseté de nos idées*, est, à proprement parler, une connaissance *d'imagination*.

2° La connaissance fournie par les idées *adéquates* que nous avons des propriétés des choses.

Ce second genre de connaissance, qui nous apprend à distinguer le vrai du faux, est ce que l'on appelle une connaissance de *raison*.

3° Enfin, la connaissance ou *science intuitive* qui saisit l'essence adéquate des choses, par l'idée parfaite que nous nous formons des attributs et des phénomènes de la Nature.

Ce sont surtout ces deux derniers genres de connaissance qu'il faut s'attacher à développer chez l'enfant, par une bonne éducation, afin de détruire, autant que possible, en son âme, l'élément de la passivité; afin d'étendre de plus en plus son entendement, et de lui donner la force de se diriger, dans les actes de la vie, d'après la conduite de la raison.

Entre-temps Spinoza avait exposé certaines notions sur la nature des corps et des individus, et il en avait tiré cette formule, reprise plus tard par Diderot : « c'est que la Nature tout entière n'est qu'un seul Individu, dont les parties, c'est-à-dire *tous les corps*, varient d'une infinité de manières, *sans aucun changement de l'Individu tout entier.* »

Mais ce qui mérite particulièrement d'attirer l'attention du lecteur dans cette seconde partie, c'est la théorie de la Volonté, émise par Spinoza.

La Volonté, dit-il, n'est pas comme un être dans l'être; la Volonté n'est pas une faculté *absolue* ou *libre* ayant le pouvoir de se déterminer par elle seule.

La Volonté n'est que le terme collectif qui embrasse, sous une même dénomination, toutes les *volitions* particulières; de même que le mot *blancheur* est le terme général qui embrasse tous les objets blancs ; de même que l'expression *pierréité* embrasse tous les genres de pierres ; de même que le nom *humanité* embrasse tous les différents individus humains.

Il n'y a donc pas plus de Volonté, sans volitions particulières, qu'il n'y a de blancheur, sans objets blancs; qu'il n'y a de pierréité, sans pierres; qu'il n'y a d'humanité, sans hommes.

La Volonté n'est qu'un être métaphysique, qui ne se distingue pas des volitions particulières à l'aide desquelles nous la formons; une notion *universelle*, un être de raison, par lequel nous expliquons toutes les volitions.

Or, chaque volition particulière ayant besoin, pour se manifester, d'une cause extérieure à elle, qui la détermine, il s'ensuit que la Volonté, qui représente toutes les volitions particulières, n'a pas le pouvoir *absolu* ou *libre* de se déterminer dans ses actions.

Mais une volition quelle qu'elle soit, c'est une *idée* par laquelle l'âme affirme ou nie quelque chose, fait ou ne fait pas quelque action.

Les *volitions* particulières et les *idées* particulières *sont donc une seule et même chose;* et, par conséquent, la Volonté, qui signifie toutes les volitions, et l'Entendement, qui veut dire tous les actes de l'intelligence, sont aussi une seule et même chose.

Telle est, résumée aussi clairement que nous avons pu le faire, la théorie célèbre de Spinoza sur la Volonté.

D'où l'on voit aussitôt quelles conséquences profondes cette théorie peut avoir dans la pratique de la vie sociale.

En effet, si toute *volition* particulière n'est qu'une *idée* particulière, si la Volonté et l'Entendement ne sont au fond qu'une seule et même chose, il s'ensuit qu'à une Intelligence confuse, incertaine, ténébreuse, correspond fatalement une Volonté, trouble, vacillante, sans clairvoyance.

Donc, ô Société, autant par devoir que dans votre intérêt, si vous voulez avoir des volontés droites, faites, par l'éducation, des intelligences lumineuses.

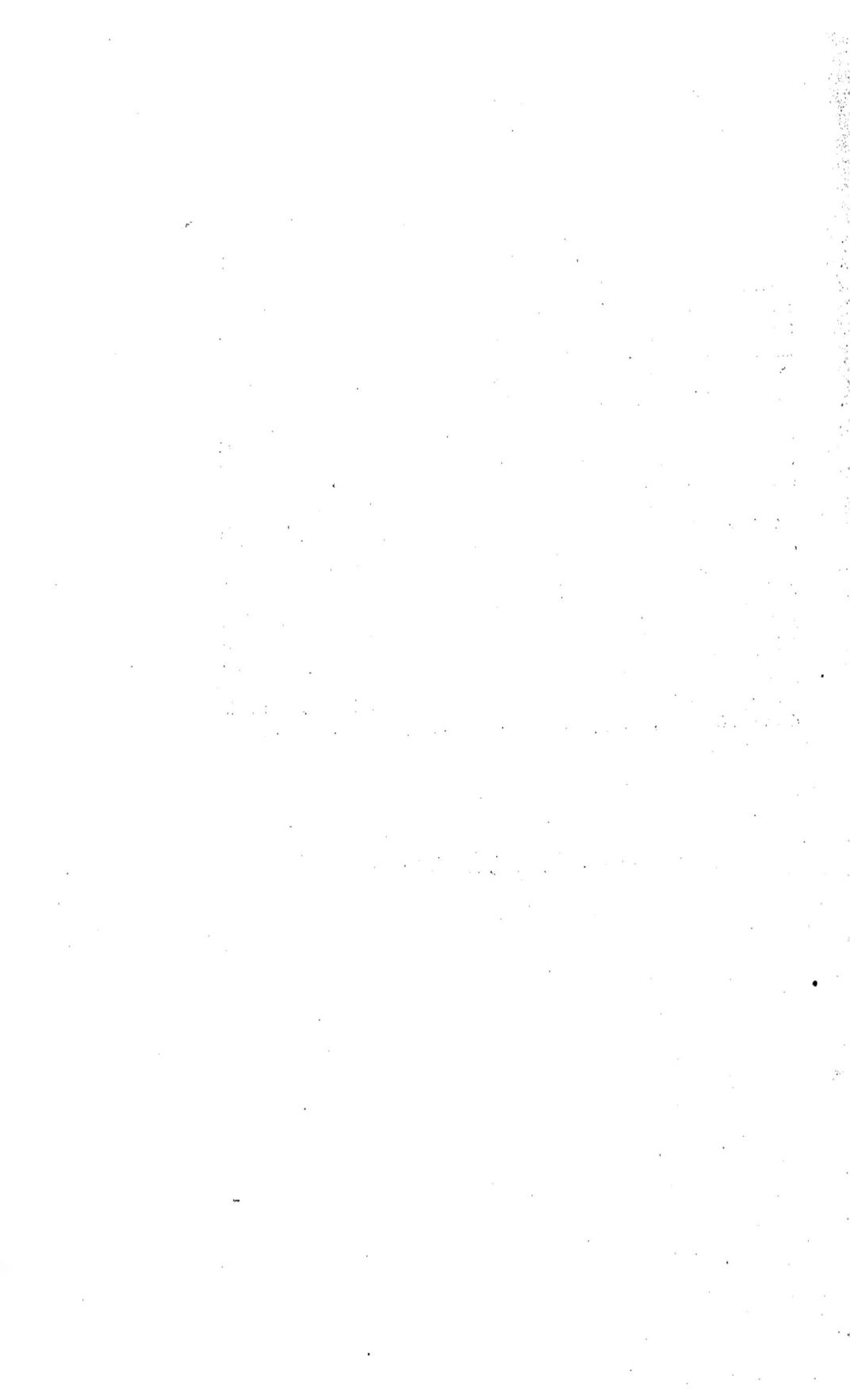

*J*E *passe maintenant à l'explication des choses qui ont dû suivre nécessairement de l'essence de Dieu, autrement dit, de l'Être éternel et infini.*

Je ne les expliquerai pas toutes; car nous avons démontré Propos. XVI, Part. I, qu'une infinité de choses, modifiées d'une infinité de manières, doivent suivre de cette essence. Mais j'expliquerai celles-là seulement qui nous peuvent conduire, comme par la main, à la connaissance de l'âme humaine et de sa souveraine béatitude.

DÉFINITIONS

I. Par *corps*, j'entends un *mode* qui exprime l'essence de Dieu, en tant qu'il est considéré *comme chose étendue*, d'une manière certaine et déterminée. (*Voyez le Coroll. de la Propos.* XXV, *Part.* I.)

II. Je dis que ceci appartient à l'essence d'une certaine chose, lequel étant donné, la chose est nécessairement posée; et lequel étant enlevé, la chose est nécessairement détruite : en d'autres termes ce sans quoi la chose ne peut ni être, ni être conçue; et, réciproquement, ce qui ne peut ni être, ni être conçu sans la chose.

III. Par *idée*, j'entends un *concept* de l'âme, que l'âme forme parce qu'elle est une chose pensante.

EXPLICATION.

Je dis *concept*, plutôt que *perception*, parce que le nom de perception semble indiquer que l'âme est *passive* au regard de l'objet. Mais le mot concept paraît exprimer *l'action* de l'âme.

IV. Par *idée adéquate* j'entends une idée, qui, en tant qu'elle est considérée en soi, sans relation avec son objet, a toutes les propriétés ou les dénominations intrin= sèques d'une idée vraie.

EXPLICATION.

Je dis *intrinsèques*, pour séparer la propriété ou la dénomination qui est *extrinsèque;* à savoir la convenance de l'idée avec son objet.

V. La *durée* est la continuation indéfinie de l'existence.

EXPLICATION.

Je dis *indéfinie*, parce que la durée ne peut jamais être déterminée par la nature même de la chose existante, non plus que par sa cause efficiente, laquelle pose nécessairement l'existence de la chose, et ne la détruit pas.

VI. Par *réalité* et *perfection*, j'entends la même chose.

VII. Par choses *particulières (singulares)*, j'entends les choses qui sont *finies*, et qui ont une existence déterminée.

Que si plusieurs Individus concourent à une même action, de telle sorte que tous soient cause ensemble d'un même effet, pendant tout ce temps je considère tous ces individus, *comme une seule chose particulière.*

AXIOMES

I. L'essence de l'homme n'enveloppe pas l'existence nécessaire; en d'autres termes, d'après l'ordre de la nature, il se peut aussi bien faire que tel ou tel homme existe, qu'il se peut faire qu'il n'existe pas.

II. L'homme peuse.

III. Les modes de penser, tels que l'*amour*, le *désir*, et les autres passions de l'âme, quel que soit le nom sous lequel on les désigne, n'existent pas sans qu'il y ait dans l'individu même qui les éprouve, l'*idée* d'une chose *aimée, désirée*, etc. Mais l'idée peut exister, encore qu'il n'y ait aucun autre mode de penser.

IV. *Nous*, nous sentons un certain corps, affecté de beaucoup de manières.

V. Outre les *corps* et les *modes de penser*, nous ne sentons et ne percevons aucunes autres choses particulières.

Voyez les Postulats qui suivent la Proposition xiii.

PROPOSITIONS

Proposition I.

La pensée *est un attribut de Dieu; en d'autres termes* Dieu est une chose pensante.

Démonstration.

Les pensées particulières, en d'autres termes telle et telle pensée, sont des *modes*, qui expriment la nature de Dieu d'une manière certaine et déterminée *(par le Coroll. de la Propos.* xxv, *Part.* I). Dieu possède donc un attribut *(par la Défin.* v, *Part.* I), dont toutes les pensées particulières enveloppent le concept, par lequel elles sont aussi conçues. Par conséquent la Pensée est un des attributs infinis de Dieu, qui exprime son essence éternelle et infinie *(voyez la Défin.* vi, *Part.* I); autrement dit Dieu est une chose pensante. C. Q. F. D.

Scholie.

Cette Proposition est encore évidente par ce fait, que nous pouvons concevoir un être pensant, infini. Car plus un être pensant peut former de pensées, plus nous concevons qu'il contient de réalité ou de perfection. Par conséquent l'Être qui peut penser une infinité de choses modifiées d'une infinité de manières, est nécessairement infini par sa vertu de penser. Comme donc, en ne considérant que la pensée seule, nous concevons un Être infini; nécessairement la Pensée *(par les Défin.* iv et vi, *Part.* I) est un des attributs infinis de Dieu, ainsi que nous le voulions.

PROPOSITION II.

L'étendue *est un attribut de Dieu : en d'autres termes* DIEU EST UNE CHOSE ÉTENDUE.

DÉMONSTRATION.

On procède pour la démonstration de cette Proposition, de la même façon que pour la démonstration de la Proposition précédente.

PROPOSITION III.

Il y a nécessairement, en Dieu, l'idée tant de son essence, que de toutes les choses qui suivent nécessairement de cette essence.

DÉMONSTRATION.

Dieu, en effet (*par la Propos.* i *de cette partie*), peut penser une infinité de choses, modifiées d'une infinité de manières ; autrement dit (*ce qui est la même chose, par la Propos.* xvi, *Part.* I), Dieu peut former *l'idée* de son essence, et de toutes les choses qui en découlent nécessairement. Or, tout ce qui est en la puissance de Dieu, est nécessairement (*par la Propos.* xxxv, *Part.* I). Donc une telle idée existe nécessairement, et (*par la Propos.* xv, *Part.* I) elle n'existe qu'en Dieu. C. Q. F. D.

SCHOLIE.

Par puissance de Dieu, le vulgaire entend la libre volonté de Dieu, et son droit sur toutes les choses qui existent, lesquelles, par ce motif, sont communément considérées comme *contingentes.* Car Dieu, dit-on, a le pouvoir de tout détruire, et de tout anéantir. Le plus souvent, encore, l'on compare la puissance de Dieu avec la puissance des rois. Mais nous avons réfuté ces erreurs aux Corollaires i et ii de la Proposition xxxii, Part. I; et, dans la Proposition xvi, Part. I, nous avons montré que Dieu agit avec la même nécessité qu'il se comprend lui-même; c'est-à-dire que, de même qu'il suit de la nécessité de la divine nature (comme tous en conviennent), que Dieu se comprend soi-même; de cette même nécessité il s'ensuit aussi que Dieu fait une infinité de choses modifiées d'une infinité de façons. Ensuite, dans la Proposition xxxiv, Part. I, nous avons montré que la puissance de Dieu n'est rien que son essence *en acte;* et, par conséquent, qu'il nous est aussi impossible de concevoir Dieu *n'agissant pas*, que Dieu n'existant pas. Et s'il était utile de poursuivre ces remarques plus loin, je pourrais faire voir que cette puissance que le vulgaire attribue à Dieu, non seulement est une puissance tout humaine (ce qui montre bien que Dieu est conçu par le vulgaire comme un homme, ou à l'instar d'un homme), mais enveloppe de plus une réelle impuissance. Mais je ne veux pas discourir tant de fois sur le même sujet. Je prie et supplie seulement le lecteur de méditer de nouveau avec soin ce qui a été dit dans la première partie, à cet égard, depuis la Proposition xvi, jusqu'à la fin [1]. Car personne ne pourra saisir nettement ce que je veux démontrer, s'il ne prend le plus grand soin de ne pas confondre la puissance de Dieu, avec la puissance humaine ou le droit des rois.

PROPOSITION IV.

L'idée de Dieu, de laquelle résultent une infinité de choses modifiées d'une infinité de façons, ne peut être qu'unique.

---

1. Voyez aussi Traité théologico-politique, Chap. vii de notre traduction.

DÉMONSTRATION.

L'entendement infini n'embrasse rien de plus que les attributs de Dieu, et ses affections (*par la Propos.* xxx, *Part.* I). Or Dieu est unique (*par le Coroll.* I *de la Propos.* xiv, *Part.* I); par conséquent l'idée de Dieu, de laquelle découlent une infinité de choses modifiées d'une infinité de façons, ne peut être qu'unique.

PROPOSITION V.

L'être formel *des idées reconnaît Dieu pour cause, en tant seulement qu'il est considéré comme chose pensante, et non en tant qu'il est expliqué par un autre attribut.*

En d'autres termes, les idées, *tant des attributs de Dieu que des choses particulières, ne reconnaissent pas les* objets *eux-mêmes ou les choses perçues, pour cause efficiente; mais Dieu lui-même, en tant qu'il est chose pensante.*

DÉMONSTRATION.

Cela est évident par la Proposition iii de cette partie. Nous y concluions, en effet, que Dieu peut former l'idée de son essence et de toutes les choses qui en découlent nécessairement, par cela seul que Dieu est chose pensante; et non parce qu'il est *l'objet* de son idée. C'est pourquoi l'être formel des idées reconnaît Dieu pour cause, en tant qu'il est une chose pensante.

Mais ceci se démontre encore d'une autre manière.

L'être formel des idées est un mode de penser (*comme cela se voit de soi*); c'est-à-dire (*par le Coroll. de la Propos.* xxv, *Part.* I) un mode, qui exprime la nature de Dieu, *en tant qu'il est chose pensante,* d'une manière déterminée. Ce mode, par conséquent (*par la Propos.* x,

Part. I), n'enveloppe le concept d'aucun autre attribut de Dieu; il n'est donc l'effet (*par l'Axiom.* IV, *Part.* I) de nul autre attribut que de celui de la pensée. Par conséquent l'être formel des idées reconnaît Dieu pour cause, en tant seulement qu'il est considéré comme chose pensante; etc. C. Q. F. D.

PROPOSITION VI.

Les modes d'un attribut quel qu'il soit ont Dieu pour cause, en tant seulement qu'il est considéré sous cet attribut dont ils sont les modes, et non en tant qu'il est considéré sous aucun autre attribut.

DÉMONSTRATION.

Tout attribut, en effet, est conçu par soi, sans le secours d'un autre (*par la Propos.* X, *Part.* I). C'est pourquoi les *modes* d'un attribut quelconque enveloppent le concept de leur attribut propre, et non celui d'un autre. Par conséquent ces modes (*par l'Axiom.* IV, *Part.* I) ont pour cause Dieu, en tant qu'il est considéré seulement sous cet attribut dont ils sont les modes, et non en tant qu'il est considéré sous aucun autre. C. Q. F. D.

COROLLAIRE.

Il suit de là que l'être formel des choses, qui ne sont pas des modes de la pensée, ne suit pas de la divine nature parce qu'elle a eu une connaissance *antérieure* de ces choses; mais les choses *objectives*[1] (*ideatæ*) s'ensuivent et se concluent de leurs attributs propres, de la même manière et avec la même nécessité que les *idées* s'ensuivent de l'attribut de la pensée; comme nous l'avons montré.

1. C'est-à-dire les choses *réelles*, qui peuvent être *l'objet* de la pensée, mais ne son pas la pensée elle-même. (*Note du Traducteur.*)

P r o p o s i t i o n V I I.

L'ordre et la connexion des idées *sont les mêmes que l'ordre et la connexion des* choses.

D é m o n s t r a t i o n.

Cela est évident par l'Axiome iv, Part. I; car *l'idée* d'une chose
causée, quelle qu'elle soit, dépend de la connaissance de la cause
dont elle est l'effet.

C o r o l l a i r e.

Il suit de là que la puissance de penser, en Dieu, est égale à sa
puissance *actuelle* d'agir. En d'autres termes, tout ce qui suit *for-
mellement* de la nature infinie de Dieu, tout cela suit *objectivement*
en Dieu, de *l'idée* de Dieu, dans le même ordre et avec la même
connexion.

S c h o l i e.

Avant d'aller plus loin, il faut nous rappeler ici, ce que nous
avons fait voir plus haut, à savoir : que tout ce qui peut être perçu
par un entendement infini, comme constituant l'essence de la
substance, *tout cela appartient à une* Substance unique; et, par
conséquent, *que la* substance pensante, *et la* substance étendue, sont
une seule et même Substance, laquelle est comprise tantôt sous
cet attribut, et tantôt sous cet autre.

De même, un *mode* de l'étendue, et *l'idée* de ce mode, *sont une
seule et même chose;* mais exprimée de deux manières différentes. Et
c'est ce que quelques Hébreux semblent avoir aperçu comme à tra-
vers un nuage, lorsqu'ils déclarent que Dieu, l'entendement de Dieu,
et les choses comprises par lui, sont une seule et même chose.

Par exemple un cercle existant dans la nature, et *l'idée* de ce cercle existant, laquelle idée est aussi en Dieu, *sont une seule et même chose*, laquelle est expliquée par des attributs différents. Et c'est pourquoi, soit que nous concevions la Nature sous l'attribut de *l'étendue*, soit que nous la concevions sous l'attribut de la *pensée*, ou sous un autre attribut quel qu'il soit, nous trouverons toujours un seul et même ordre, une seule et même connexion de causes, c'est-à-dire les mêmes choses résultant réciproquement les unes des autres.

Et si j'ai dit que Dieu est la cause de *l'idée* du cercle, par exemple, *en tant seulement qu'il est une chose pensante*, et du cercle lui-même, *en tant seulement qu'il est une chose étendue*, ce n'est par aucune autre raison que parce que l'être formel de l'idée du cercle ne peut être perçu que par un autre mode de penser, comme sa cause prochaine, et celui-ci de nouveau par un autre, et ainsi de suite à l'infini. De telle sorte que tant que les choses sont considérées comme des modes de *penser*, nous devons expliquer l'ordre de toute la Nature, ou la connexion des causes, par le seul attribut de la *pensée;* et tant que les choses sont considérées comme des modes de *l'étendue*, l'ordre de toute la Nature doit être expliqué également par le seul attribut de l'*étendue;* et de même pour les autres attributs. C'est pourquoi, en tant qu'il est composé d'une infinité d'attributs, Dieu est réellement la cause des choses telles qu'elles sont en soi. Et, pour l'instant, je ne puis expliquer ceci plus clairement.

Proposition VIII.

Les idées des choses particulières, en d'autres termes des modes qui n'existent pas, doivent être comprises dans l'idée infinie de Dieu, de la même manière que sont contenues dans les attributs de Dieu, les essences formelles des choses particulières, autrement dit des modes.

DÉMONSTRATION.

Cette Proposition est évidente par la Proposition précédente ; mais on la conçoit plus clairement par le Scholie précédent.

COROLLAIRE.

Il suit de là que tant que les choses particulières n'existent qu'autant qu'elles sont comprises dans les attributs de Dieu, leur être objectif ou leurs idées n'existent qu'en tant que l'idée infinie de Dieu existe. Et, dès que les choses particulières sont dites exister, non seulement en tant qu'elles sont comprises dans les attributs de Dieu, mais en tant que l'on dit qu'elles ont la durée, les idées de ces choses particulières enveloppent aussi l'existence par laquelle l'on dit qu'elles durent.

SCHOLIE.

Si quelqu'un désire un exemple qui explique plus amplement la chose, je ne pourrai certainement en fournir aucun qui donne une explication adéquate du fait dont je parle ici, vu qu'il est unique. Autant que possible, cependant, je vais tâcher d'éclaircir la chose.

Ainsi, un cercle est tel de sa nature, que les rectangles segmentaires de toutes les lignes droites qui se coupent dans ce cercle, sont égaux entre eux. Et c'est pourquoi il y a, dans ce cercle, une infinité de rectangles égaux entre eux.

Cependant l'on ne peut dire qu'aucun de ces rectangles existe, si ce n'est en tant que le cercle existe ; pas plus que l'on ne peut dire que *l'idée* de quelqu'un de ces rectangles existe, si ce n'est en tant que cette idée est comprise dans *l'idée* du cercle.

Concevons maintenant que, de ces rectangles, en nombre infini, deux seulement, à savoir E et D, existent. Assurément les idées de ces rectangles n'existent pas seulement en tant qu'elles sont uniquement comprises dans l'idée du cercle; mais encore en tant qu'elles enveloppent l'existence de ces rectangles. D'où il arrive que ces idées se distinguent des autres idées des autres rectangles.

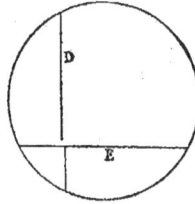

Proposition IX.

L'idée d'une chose particulière, *existant en acte, a pour cause Dieu, non pas en tant qu'il est infini, mais en tant qu'on le considère affecté par une autre idée d'une chose particulière existant en acte, de laquelle idée Dieu est cause aussi, en tant qu'il est affecté par une* troisième *idée, et ainsi de suite à l'infini.*

Démonstration.

L'idée d'une chose particulière, existant en acte, est un mode particulier de penser, et distinct des autres (*par le Coroll. et le Schol. de la Propos.* viii, *Part.* II). Par conséquent (*par la Propos.* vi, *Part.* II) cette idée a Dieu pour cause, en tant seulement qu'il est chose pensante; mais non (*par la Prop.* xxviii, *Part.* I) en tant qu'il est *absolument* chose pensante; en tant seulement qu'on le considère affecté par un autre mode de penser, et, pour ce mode égale-

ment, en tant qu'il est affecté par un autre mode, et ainsi de
suite à l'infini.

Or, l'ordre et la connexion des idées (*par la Propos.* vii, *Part.* II)
sont les mêmes que l'ordre et la connexion des causes. Donc la
cause d'une idée particulière, c'est une autre idée, ou Dieu, en
tant qu'on le considère affecté d'une autre idée ; et pour cette dernière idée, c'est encore une autre idée, ou Dieu, en tant qu'il est
affecté par une autre idée ; et ainsi de suite à l'infini. C. Q. F. D.

COROLLAIRE.

Tout ce qui arrive dans l'*objet* particulier d'une idée quelconque,
la connaissance de cette chose est en Dieu, en tant seulement qu'il
a l'idée de ce même objet.

DÉMONSTRATION.

Tout ce qui arrive dans l'*objet* d'une idée quelconque, l'idée en
est en Dieu (*par la Propos.* iii, *Part.* II), non pas en tant qu'il est
infini ; mais en tant qu'on le considère affecté d'une autre idée
d'une chose particulière (*par la Propos. précédente*). Mais (*par la
Propos.* vii, *Part.* II) l'ordre et la connexion des idées sont les mêmes
que l'ordre et la connexion des choses ; donc la connaissance de ce
qui arrive dans tout objet particulier sera en Dieu, en tant seulement qu'il a l'idée de ce même objet. C. Q. F. D.

PROPOSITION X.

*L'être de la Substance n'appartient pas à l'essence de l'homme ; en
d'autres termes la Substance ne constitue pas la forme de l'homme.*

DÉMONSTRATION.

L'être de la Substance, en effet, enveloppe l'existence nécessaire (*par la Propos.* vii, *Part.* I). Si donc l'être de la Substance appartenait à l'essence de l'homme, la Substance étant donnée, l'homme serait nécessairement donné (*par la Défin.* ii, *Part.* II), et conséquemment l'homme existerait nécessairement : ce qui est absurde (*par l'Axiom.* i, *Part.* II). Donc, etc, C. Q. F. D.

SCHOLIE.

Cette Proposition se démontre aussi par la Proposition v, Part. I, à savoir : *qu'il ne peut y avoir deux substances de même nature.* Or, comme plusieurs hommes peuvent exister, ce qui constitue la forme de l'homme, ce n'est donc pas *l'être* de la Substance.

Cette Proposition est encore évidente par les autres propriétés de la Substance; à savoir que, de sa nature, la Substance est *infinie, immuable, indivisible,* etc., comme chacun le peut voir aisément.

COROLLAIRE.

Il suit de là que ce qui constitue l'essence de l'homme, ce sont *certaines modifications* des attributs de Dieu; car *l'être* de la Substance (*par la Propos. précéd.*) n'appartient pas à l'essence de l'homme. L'essence de l'homme est donc quelque chose (*par la Propos.* xv, *Part.* I) qui est en Dieu, et qui, sans Dieu, ne peut ni être, ni être conçu; autrement dit (*par le Coroll. de la Propos.* xxv, *Part.* I) l'essence de l'homme est une *affection* ou un *mode* qui exprime la nature de Dieu, d'une manière certaine et déterminée.

SCHOLIE.

Tout le monde doit accorder, assurément, que rien, sans Dieu, ne peut être, ni être conçu. Car il est reconnu de tout le monde que Dieu est la cause unique de toutes choses, tant de leur essence que de leur existence : c'est-à-dire que Dieu n'est pas seulement la cause des choses selon *le devenir*, comme l'on dit; mais encore selon *l'être*.

Mais, pendant ce temps, la plupart vous disent que ce qui appartient à l'essence d'une certaine chose, c'est ce sans quoi la chose ne peut ni être, ni être conçue; et, par là, ou ces personnes croient que la nature de Dieu appartient à l'essence des choses créées, ou que les choses créées peuvent exister ou être conçues sans Dieu; ou, ce qui est plus certain, elles ne s'accordent pas suffisamment avec elles-mêmes.

D'où vient la cause de cette erreur? A mon avis de ce que ces personnes n'ont point observé l'ordre de philosopher [1].

Car la nature divine, qu'ils devaient contempler avant toutes choses, parce qu'elle est la première dans l'ordre de la connaissance, tant par la connaissance même que par sa nature, ils l'ont considérée en dernier lieu; et ils ont cru que les choses que l'on appelle *objets des sens*, étaient antérieures à toutes les autres. D'où il s'est fait que, tandis qu'ils observaient les choses naturelles, il n'est rien à quoi ils aient moins songé qu'à la nature divine; et, ensuite, lorsqu'ils appliquèrent leur esprit à contempler cette nature divine, il n'est rien à quoi ils aient moins pensé qu'à leurs premières fictions, sur lesquelles ils avaient édifié la connaissance

---

1. La méthode parfaite ce sera celle qui montre comment l'esprit doit être dirigé, sous la règle d'une idée donnée de l'Être souverainement parfait. — RÉFORME DE L'ENTENDEMENT ; *de l'Idée vraie.*

des choses naturelles; vu que ces fictions ne les pouvaient aider en
quoi que ce soit dans la connaissance de la nature divine. Il n'est
donc pas étonnant qu'ils se contredisent de temps en temps. Mais je
laisse ceci de côté; car je n'ai eu d'autre but ici que d'expliquer
pourquoi je n'ai pas dit que ce qui appartient à l'essence d'une
certaine chose, c'est ce sans quoi la chose ne peut ni être ni être
conçue; sans contredit, parce que les choses particulières ne peuvent ni être, ni être conçues sans Dieu. Et cependant Dieu n'appartient point à leur essence. Mais j'ai dit que ce qui constitue nécessairement l'essence d'une certaine chose, c'est ce qui étant donné,
la chose est nécessairement posée, et ce qui étant enlevé, la chose
est détruite. En d'autres termes ce sans quoi la chose, et réciproquement ce qui sans la chose ne peut ni être ni être conçu.

PROPOSITION XI.

*Le premier fondement qui constitue l'être actuel de l'âme humaine,
ce n'est rien autre chose que l'idée d'une certaine chose particulière,*
existant en acte.

DÉMONSTRATION.

Ce qui constitue l'essence de l'homme (*par le Coroll. de la Propos.
précédente*), ce sont certains modes des attributs de Dieu; à savoir
(*par l'Axiom.* II, *Part.* II) des modes de penser, entre lesquels (*par
l'Axiom.* III, *Part.* II) l'idée est antérieure à tous par nature; et,
cette idée étant donnée, les autres modes (à savoir ceux auxquels
l'idée est antérieure par nature) doivent se trouver dans le même
individu (*par l'Axiom.* IV, *Part.* II). En conséquence *l'idée* est le premier fondement qui constitue l'être de l'âme humaine. Mais ce
n'est pas l'idée d'une chose qui n'existe pas. Car alors (*par les*

Coroll. de la Propos. viii, *Part.* II) l'idée elle-même ne pourrait exister. Ce sera donc l'idée d'une chose *existant en acte.* Mais non d'une chose infinie; car une chose infinie (*par les Propos.* xxi *et* xxiii, *Part.* I) doit toujours exister nécessairement. Or ici (*par l'Axiom.* i, *Part.* II) cela serait absurde. Donc le premier fondement qui constitue l'être *actuel* de l'âme humaine, c'est l'idée d'une chose particulière, *existant en acte.* C. Q. F. D.

Corollaire.

Il suit de là que l'âme humaine *est une partie de l'entendement infini de Dieu* [1]. Et conséquemment lorsque nous disons que l'âme humaine perçoit ceci ou cela, nous ne disons rien autre, sinon que Dieu, non pas en tant qu'il est infini, mais en tant qu'il est expliqué par la nature de l'âme humaine, en d'autres termes, en tant qu'il constitue l'essence de l'âme humaine, a telle ou telle idée. Et lorsque nous disons que Dieu a telle ou telle idée, non plus seulement en tant qu'il constitue la nature de l'âme humaine, mais en tant qu'il a, simultanément avec l'âme humaine, l'idée d'une autre chose, nous disons alors que l'âme humaine perçoit les choses *en partie*, c'est-à-dire d'une manière inadéquate.

Scholie.

Ici, sans aucun doute, les lecteurs seront arrêtés, et il leur viendra en l'esprit mille réminiscences, qui les empêcheront de continuer. C'est pourquoi je les prie de poursuivre avec moi lentement, et de ne point porter de jugement sur ces propositions, jusqu'à ce qu'ils aient tout lu.

---

1. Voyez Lettre xv.

PROPOSITION XII.

Tout ce qui arrive dans l'objet *de l'idée qui constitue l'âme humaine, l'âme humaine le doit percevoir; en d'autres termes* l'idée *de cette chose sera nécessairement dans l'âme. Par exemple, si* l'objet *de l'idée qui constitue l'âme humaine, est le* corps; *il ne pourra rien arriver dans ce corps, qui ne soit perçu par l'âme.*

DÉMONSTRATION.

En effet, tout ce qui arrive dans *l'objet* d'une idée quelconque, la connaissance de cette chose est nécessairement en Dieu (*par le Coroll. de la Propos.* ix, *Part.* II), en tant que Dieu est considéré affecté de l'idée de ce même objet; c'est-à-dire (*par la Propos.* xi, *Part.* II) en tant que Dieu constitue l'âme d'une certaine chose. Par conséquent tout ce qui arrive dans *l'objet* de l'idée qui constitue l'âme humaine, sa connaissance est nécessairement en Dieu, en tant qu'il constitue la nature de l'âme humaine; c'est-à-dire (*par le Coroll. de la Propos.* xi, *Part.* II) la connaissance de cette chose, sera nécessairement dans l'âme; autrement dit l'âme perçoit cette chose. C. Q. F. D.

SCHOLIE.

Cette Proposition est encore évidente, et se comprend plus claire-ment par le Scholie de la Proposition vii de cette partie, à laquelle je renvoie.

PROPOSITION XIII.

L'objet de l'idée qui constitue l'âme humaine, c'est le corps, *c'est-à-dire un certain mode de l'étendue existant en acte, et rien autre.*

D É M O N S T R A T I O N.

En effet, si le corps n'était pas *l'objet* de l'âme humaine, les *idées* des affections du corps ne seraient pas en Dieu (*par le Coroll. de la Propos.* IX, *Part.* II), en tant qu'il constituerait notre âme; mais en tant qu'il constituerait l'âme d'une autre chose : c'est-à-dire (*par le Coroll. de la Propos.* XI, *Part.* II) que les *idées* des affections du corps ne seraient pas dans notre âme. Or (*par l'Axiom.* IV, *Part.* II), nous avons les *idées* des affections du corps. Donc *l'objet* de l'idée qui constitue l'âme humaine, c'est le *corps;* et *'par la Propos.* XI, *Part.* II) le corps existant *en acte.*

En second lieu, si, outre le corps, il y avait encore un autre objet de l'âme ; comme rien n'existe (*par la Propos.* XXXVI, *Part.* I) d'où ne suive quelque effet, il devrait nécessairement y avoir dans notre âme (*par la Prop.* XI, *Part* II), l'idée de quelque effet de cet autre objet. Or (*par l'Axiom.* V, *Part.* II), il n'y a, dans notre âme, aucune idée de cet autre objet. Donc *l'objet* de notre âme, c'est le corps existant en acte, et rien autre. C. Q. F. D.

C O R O L L A I R E.

Il suit de là que l'homme est composé d'une âme et d'un corps, et que le corps humain existe tel que nous le sentons.

S C H O L I E.

Par ce qui précède, non seulement nous comprenons que l'âme humaine est unie au corps, mais nous voyons encore ce qu'il faut entendre par l'union de l'âme et du corps[1]. Toutefois personne ne

---

1. Par cette union de l'âme et du corps, nous ne comprenons rien autre *que la sensation elle-même,* c'est-à-dire l'effet, d'où nous concluons la cause, que nous ne saisissons en aucune manière. — RÉFORME DE L'ENTENDEMENT ; *Des modes de perception.*

pourra comprendre cette union d'une manière adéquate ou distincte, s'il ne connaît clairement auparavant la nature de notre corps. Car ce que nous avons fait voir jusqu'à présent, est très général, et n'appartient pas plus aux hommes qu'aux autres individus, qui tous, quoique à des degrés divers, sont animés pourtant. De toute chose, en effet, il y a nécessairement en Dieu une idée, dont Dieu est cause, de la même façon dont il est cause de l'idée du corps humain ; et, par conséquent, tout ce que nous avons dit de l'idée du corps humain, il le faut dire nécessairement de l'idée de toute chose quelconque.

Et, cependant, nous ne pouvons nier que les idées diffèrent entre elles, comme les objets eux-mêmes, et que l'une ne soit supérieure à l'autre et contienne une réalité plus grande, selon que l'objet de celle-ci est supérieur à l'objet de celle-là, et contient plus de réalité. Et c'est pour cela qu'il nous est nécessaire, afin de déterminer en quoi l'âme humaine diffère des autres âmes, et en quoi elle l'emporte sur elles, de connaître, comme nous l'avons dit, la nature de son objet, c'est-à-dire la nature du corps humain.

Or je ne puis expliquer ici cette nature, et la chose n'est pas nécessaire pour les démonstrations que je veux établir. Je dirai cependant, en général, que d'autant plus un corps est plus apte que les autres à agir ou à pâtir simultanément d'un grand nombre de façons, d'autant plus son âme est plus apte que les autres à percevoir à la fois un grand nombre de choses. Et plus les actions d'un corps dépendent davantage de lui seul, c'est-à-dire moins les autres corps concourent avec lui dans l'accomplissement de ses actions, plus son âme est apte à comprendre d'une façon distincte. Et, par là, nous pouvons connaître la supériorité d'une âme sur les autres ; et voir aussi pourquoi nous n'avons de notre corps qu'une connaissance fort confuse ; et plusieurs autres choses que je

déduirai de celles-là dans la suite. C'est pour ce motif que j'ai jugé
utile d'expliquer et de démontrer ces principes avec plus de soin
que je ne l'ai fait encore jusqu'ici ; à quelle fin il est nécessaire
d'exposer quelques notions préliminaires sur la nature des corps.

AXIOME I

Tous les corps sont en mouvement, ou en repos.

AXIOME II

Tout corps se meut, tantôt plus lentement, tantôt plus
vite.

LEMME I.

*Les corps se distinguent les uns des autres sous le rapport du mouve-
ment et du repos, de la vitesse et de la lenteur*, et non sous le rapport
de la substance.

DÉMONSTRATION.

La première partie de ce Lemme se voit de soi, je suppose. Quant
à la seconde, à savoir que les corps ne se distinguent point sous le
rapport de la Substance, elle est évidente tant par la *Propos.* v,
que par la *Propos.* viii, *Part.* I; et plus clairement encore par ce
qui a été dit au *Scholie de la Propos.* xv, *Part.* I.

LEMME II.

Tous les corps ont quelque chose de commun.

Démonstration.

Tous les corps ont d'abord ceci de commun, qu'ils enveloppent le concept d'un seul et même attribut (*par la Défin.* I, *Part.* II). Tous ont ensuite ceci de commun, qu'ils peuvent se mouvoir tantôt plus lentement, tantôt plus vite; et, absolument, tantôt être en mouvement, tantôt être en repos.

Lemme III.

Un corps en mouvement ou en repos a dû être déterminé au mouvement ou au repos par un autre corps, lequel, de son côté, a été déterminé au mouvement ou au repos par un autre, et celui-ci, de nouveau, par un autre, et ainsi de suite à l'infini.

Démonstration.

Les corps (*par la Défin.* I, *Part.* II) sont des choses particulières, qui se distinguent les unes des autres sous le rapport du mouvement et du repos (*par le Lemme* I). Par conséquent (*par la Propos.* XXVIII, *Part.* I), chacune de ces choses a dû nécessairement être déterminée au mouvement ou au repos par une autre chose particulière, à savoir (*par la Propos.* VI, *Part.* II) par un autre corps, lequel est lui-même en mouvement ou en repos (*par l'Axiom.* I). Mais ce corps (*par la même raison*) n'a pu être en mouvement ou en repos, s'il n'a été déterminé par un autre corps au mouvement ou au repos; et celui-ci de nouveau par un autre (*par la même raison*); et ainsi de suite à l'infini. C. Q. F. D.

Corollaire.

Il suit de là qu'un corps en mouvement continuera de se mouvoir, jusqu'à ce qu'il ait été déterminé par un autre corps à demeurer

en repos; et qu'un corps en repos restera en repos, jusqu'à ce qu'il soit déterminé au mouvement par un autre corps : ce qui se voit de soi. En effet, lorsque je suppose qu'un corps A, par exemple, est en repos, et que je ne fais pas attention à d'autres corps en mouvement, je ne pourrai rien dire du corps A, sinon qu'il est en repos. Que s'il arrive, par la suite, que le corps A est en mouvement, assurément ce fait ne pourra provenir de ce qu'il était en repos; car, d'un tel état, rien autre chose ne pouvait résulter, sinon que le corps A demeurait en repos. Si l'on suppose, au contraire, que le corps A est en mouvement ; tant que nous ne faisons attention qu'à A, nous n'en pouvons rien affirmer, sinon qu'il est en mouvement. Que s'il arrive, ensuite, que A est en repos, assurément ce fait n'aura pu provenir du mouvement que A possédait; car, du mouvement, rien autre ne pouvait résulter, sinon que A resterait en mouvement. Un tel changement provient donc d'une chose qui n'était point en A, c'est à savoir d'une cause extérieure, par laquelle il a été déterminé au repos.

A X I O M E I

Tous les modes dont un corps quelconque est affecté par un autre corps, résultent de la nature du corps affecté, et, tout ensemble, de la nature du corps affectant; de telle sorte qu'un seul et même corps reçoit des mouvements différents, selon la diversité de nature des corps qui le meuvent; et, d'un autre côté, que les différents corps sont mus de diverses manières par un seul et même corps.

AXIOME II

Lorsqu'un corps en mouvement choque un corps en repos, qu'il ne peut déplacer, il re-
bondit comme s'il continuait de se
mouvoir, et l'angle de la ligne du
mouvement de réflexion, avec le plan
du corps en repos qu'il a choqué,
sera égal à l'angle que la ligne du mouvement d'inci-
dence fait avec ce même plan.

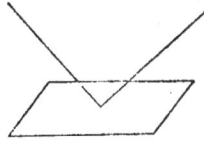

Voilà ce que j'ai à dire sur les corps les plus simples, qui ne se
distinguent les uns des autres que par le mouvement et le repos,
par la vitesse et la lenteur.

Passons maintenant aux corps composés.

DÉFINITION.

*Lorsqu'un certain nombre de corps, de même ou de différente gran-
deur, sont pressés par d'autres corps, de telle sorte qu'ils s'appuient
les uns sur les autres ; ou s'ils se meuvent avec un même degré ou avec
des degrés de vitesse différents, de telle sorte qu'ils se communiquent
réciproquement leurs mouvements suivant un certain rapport déterminé ;
nous dirons que ces corps sont unis les uns aux autres, et que tous
ensemble composent un seul corps, ou un Individu, qui se distingue des
autres par cette union des corps.*

AXIOME III

Plus les parties d'un Individu, ou d'un corps composé, s'appuient les unes sur les autres, par de grandes
ou de petites surfaces, plus il sera difficile ou facile de
leur faire changer leur situation ; et conséquemment
plus il sera facile ou difficile de faire revêtir à ce même
Individu, une autre figure. C'est pourquoi j'appellerai
durs, les corps qui s'appuient les uns sur les autres par
de grandes surfaces ; *mous*, ceux qui s'appuient les uns
sur les autres par des surfaces petites ; et, enfin, *fluides*,
ceux dont les parties se meuvent entre elles.

L E M M E   I V.

Si, d'un corps ou d'un Individu, composé de plusieurs corps, un cer-
tain nombre de corps sont séparés, et si, en même temps, un nombre
égal d'autres corps de même nature prennent leur place, l'Individu
gardera sa nature, comme auparavant, sans aucun changement de sa
forme.

DÉMONSTRATION.

Les corps, en effet (*par le Lemme* 1), ne se distinguent point sous
le rapport de la substance ; et ce qui constitue la forme d'un Individu, consiste dans l'union des corps qui le composent (*par la Défin.*
précéd.). Or cette union (*d'après l'hypothèse*), encore qu'il se fasse
une continuelle mutation des corps, est conservée ; l'Individu gardera donc sa nature comme auparavant, tant sous le rapport de la
substance, que sous celui de sa manière d'être. C. Q. F. D.

Lemme V.

Si les parties, composant un Individu, s'échappent en plus ou moins grande quantité, mais dans une telle proportion, cependant, que toutes les parties conservent à l'égard les unes des autres, comme auparavant, le même rapport de repos et de mouvement, l'Individu gardera de même sa nature, comme auparavant, sans aucun changement de sa forme.

Démonstration.

La démonstration de ce Lemme est la même que celle du Lemme précédent.

Lemme VI.

Si un certain nombre de corps, composant un Individu, sont forcés de tourner d'un autre côté le mouvement qu'ils avaient vers un certain point; mais de telle sorte qu'ils puissent continuer leurs mouvements, et se les communiquer les uns aux autres dans le même rapport qu'auparavant, l'Individu gardera de même sa nature, sans aucun changement de sa forme.

Démonstration.

Cela est évident de soi. On suppose, en effet, que l'Individu conserve tout ce que nous avons dit qui constitue sa forme, d'après sa définition.

Lemme VII.

L'Individu, ainsi composé, conservera encore sa nature, soit qu'il se meuve en son entier, soit qu'il demeure en repos, soit qu'il se mette

8

en mouvement vers telle ou telle partie, pourvu que chaque partie garde son mouvement, et le communique aux autres parties, comme auparavant.

Dᴇ́ᴍᴏɴsᴛʀᴀᴛɪᴏɴ.

Cela est évident par la définition de l'Individu, que nous avons donnée avant le Lemme ɪᴠ.

Sᴄʜᴏʟɪᴇ.

☞ Nous voyons donc, par ce qui précède, comment un Individu composé peut être affecté de mille manières, tout en conservant néanmoins sa nature. Or, jusqu'ici, nous avons conçu un Individu, composé de corps ne se distinguant entre eux que par le mouvement seul et par le repos, par la vitesse et par la lenteur; c'est-à-dire un Individu composé des corps les plus simples.

Que si, maintenant, nous concevons un autre Individu, composé de plusieurs individus de diverse nature, nous trouverons que cet Individu peut être affecté de plusieurs autres manières, tout en conservant néanmoins sa nature. Car puisque chaque partie de cet Individu est composée de plusieurs corps, chacune de ces parties pourra donc (*par le Lemme précédent*) se mouvoir tantôt plus lentement, tantôt plus vite, sans aucun changement de sa nature, et conséquemment communiquer aux autres parties ses mouvements plus rapidement ou plus lentement.

Que si nous concevons encore un troisième genre d'Individus, composé de ces seconds Individus, nous trouverons que ce troisième genre d'Individus peut être affecté de beaucoup d'autres manières, sans aucun changement de sa forme.

Et si nous poursuivons ainsi à l'infini, nous concevrons facilement QUE LA Nᴀᴛᴜʀᴇ ᴛᴏᴜᴛ ᴇɴᴛɪᴇ̀ʀᴇ ɴ'ᴇsᴛ ǫᴜ'ᴜɴ sᴇᴜʟ Iɴᴅɪᴠɪᴅᴜ, dont les parties, c'est-à-dire *tous les corps*, varient d'une infinité de manières, *sans aucun changement de l'Individu tout entier* [1].

.Et j'aurais dû expliquer et démontrer plus au long tout ceci, si mon dessein avait été de traiter du corps à fond. Mais, comme je l'ai déjà dit, mon but est différent; et je n'ai exposé les Axiomes et les Lemmes qui précèdent, que pour en pouvoir déduire facilement ce que j'ai résolu de démontrer.

Postulats.

I. Le corps humain est composé de beaucoup d'individus de diverse nature, dont chacun est lui-même fort composé.

II. Parmi les individus dont le corps humain est composé, certains sont *fluides*, certains sont *mous*, et enfin certains sont *durs*.

III. Les individus qui composent le corps humain, et conséquemment le corps humain lui-même, sont affectés de beaucoup de manières par les corps extérieurs.

IV. Le corps humain a besoin, pour se conserver, de beaucoup d'autres corps, par lesquels il est continuellement comme régénéré.

---

1. .... Ne convenez-vous pas que tout tient en nature, et qu'il est impossible qu'il y ait un vide dans la chaîne? Que voulez-vous donc dire avec vos individus? Il n'y en a point...., non, il n'y en a point.... *Il n'y a qu'un seul grand Individu :* c'est le Tout. (Diderot, *Rêve de D'Alembert*, édition André Lefèvre.)

V. Lorsqu'une partie fluide du corps humain est déterminée par un corps extérieur, de telle sorte qu'elle frappe souvent contre une autre partie molle, elle change le plan de cette partie, et lui imprime comme certaines traces du corps extérieur qui a donné l'impulsion.

VI. Le corps humain peut mouvoir les corps extérieurs de beaucoup de manières, et les disposer d'un grand nombre de façons.

P R O P O S I T I O N X I V.

L'âme humaine est apte à percevoir beaucoup de choses, et d'autant plus apte que son corps peut recevoir un plus grand nombre de dispositions [1].

D É M O N S T R A T I O N.

Le corps humain, en effet (*par les Postul.* III et VI), peut être affecté par les corps extérieurs d'une foule de manières, et il est disposé à affecter les corps extérieurs de beaucoup de façons. Mais tout ce qui arrive dans le corps humain (*par la Propos.* XII, *Part.* II) l'âme humaine le doit percevoir. L'âme humaine est donc apte à percevoir un grand nombre de choses, et d'autant plus apte, etc. C. Q. F. D.

---

1. Voyez Partie IV, Propos. XXXVIII. — Part. V, Propos. XXXIX.

Proposition XV.

L'idée qui constitue l'être formel[1] *de l'âme humaine n'est pas simple, mais composée de beaucoup d'idées.*

Démonstration.

L'idée qui constitue l'être *formel* de l'âme humaine, c'est l'idée du corps (*par la Propos.* xiii, *Part.* II), lequel (*par le Postul.* 1) est composé de beaucoup d'individus fort composés. Or, l'idée de tout individu composant le corps, existe nécessairement en Dieu (*par le Coroll. de la Propos.* viii, *Part.* II). Donc, (*par la Propos.* vii, *Part.* II) l'idée du corps humain est composée d'un grand nombre de ces idées des parties composantes. C. Q. F. D.

Proposition XVI.

L'idée de toute modification dont le corps humain est affecté par les corps extérieurs, doit envelopper la nature du corps humain, et tout ensemble la nature du corps extérieur.

Démonstration.

Toutes les modifications, en effet, dont un corps quelconque est affecté, résultent de la nature du corps affecté, et tout ensemble de la nature du corps affectant (*par l'Axiom.* 1 *qui suit le Coroll. du Lemme* iii). C'est pourquoi l'idée de ces modifications (*par l'Axiom.* iv, *Part.* I) enveloppera nécessairement la nature de l'un et de l'autre

---

1. *Formalis*, qui a une forme; qui *est* effectivement. (*Note du Traducteur*).

corps. Par conséquent l'idée de toute modification dont le corps humain est affecté par un corps extérieur, enveloppe et la nature du corps humain, et la nature du corps extérieur. C. Q. F. D.

COROLLAIRE I.

Il suit de là *premièrement* que l'âme humaine perçoit la nature de beaucoup de corps, en même temps que la nature de son propre corps.

COROLLAIRE II.

Il suit de là *secondement* que les idées que nous avons des corps extérieurs, marquent la constitution de notre corps, *bien plus que la nature des corps extérieurs;* ce que j'ai expliqué par nombre d'exemples, dans l'Appendice de la première partie.

PROPOSITION XVII.

Si le corps humain est affecté d'une modification qui enveloppe la nature d'un certain corps extérieur, l'âme humaine contemplera ce même corps extérieur comme existant actuellement, *ou comme présent à elle-même, jusqu'à ce que le corps humain soit affecté d'une affection qui exclue l'existence ou la présence de ce même corps.*

DÉMONSTRATION.

Cela est évident. En effet, tant que le corps humain est affecté de cette façon, pendant tout ce temps l'âme humaine (*par la Propos.* XII, *Part.* II) contemplera cette affection de son corps; c'est-à-dire (*par la Propos. précédente*) l'âme humaine aura l'idée d'une modification existant *actuellement*, laquelle modification enveloppe la nature du corps extérieur. En d'autres termes, l'âme humaine aura une idée qui n'exclut pas l'existence ou la présence de la nature du corps extérieur, mais qui la pose au contraire. En conséquence l'âme (*par le Coroll.* ɪ *qui précède*) contemplera le corps extérieur comme existant actuellement, ou comme présent à elle-même, jusqu'à ce qu'elle soit affectée, etc. C. Q. F. D.

Cᴏʀᴏʟʟᴀɪʀᴇ.

L'âme néanmoins pourra contempler, comme s'ils étaient présents, les corps extérieurs par lesquels le corps humain a été affecté une fois, encore que ces corps n'existent plus, ou qu'ils ne soient pas présents.

Dᴇ́ᴍᴏɴsᴛʀᴀᴛɪᴏɴ.

Tandis que les corps extérieurs déterminent les parties fluides du corps humain, de telle sorte qu'elles se heurtent souvent contre les plus molles, elles en changent les surfaces (*par le Postul.* ᴠ); d'où il arrive (*voyez l'Axiom.* ɪɪ *après le Coroll. du Lem.* ɪɪɪ) qu'elles se réfléchissent d'une autre manière qu'elles avaient accoutumé auparavant. Et si, plus tard, en se présentant, par leur mouvement spontané, à ces surfaces nouvelles, elles se réfléchissent de la même manière que lorsqu'elles étaient poussées vers ces surfaces par les corps extérieurs; et si, continuant de se mouvoir, ainsi réfléchies, elles affectent conséquemment le corps humain de la même manière, l'âme humaine (*par la Propos.* xɪɪ, *Part.* ɪɪ) pensera de nouveau à propos du corps : c'est-à-dire (*par la Propos.* xᴠɪɪ, *Part.* ɪɪ) l'âme humaine contemplera de nouveau le corps extérieur comme présent; et cela autant de fois que les parties fluides du corps humain se présenteront à ces mêmes surfaces, par leur mouvement spontané. Ainsi donc, quoique les corps extérieurs par lesquels le corps humain a été affecté une fois, n'existent plus, l'âme humaine, cependant, les contemplera comme présents, autant de fois que se répétera cette action du corps que nous venons de décrire. C. Q. F. D.

S c h o l i e.

Nous voyons donc comment il se peut faire que nous contemplions comme présentes les choses qui n'existent plus, ainsi qu'il arrive souvent. Il est possible que ce phénomène se produise par d'autres causes. Mais il me suffit ici d'en avoir montré une à l'aide de laquelle je puisse expliquer la chose, comme si je l'avais fait voir par la véritable cause. Et je ne crois pas, pourtant, m'être éloigné beaucoup de la véritable, puisque tous les postulats que j'ai tirés ne contiennent rien, pour ainsi dire, qui ne soit prouvé par l'expérience; expérience dont il ne nous est pas permis de douter, après que nous avons montré que le corps humain existe tel que nous le sentons (*Voyez le Coroll. qui suit la Propos.* xiii, *Part.* II).

En outre (*par le Coroll. de la Propos. précéd. et le Coroll.* ii *de la Propos.* xvi, *Part.* II) nous comprenons clairement quelle différence il y a entre l'idée de Pierre, par exemple, laquelle constitue l'essence de l'âme de Pierre lui-même; et l'idée de ce même Pierre, qui est dans un autre homme, supposez dans Paul. La première idée, en effet, explique directement l'essence du corps de Pierre, et n'enveloppe son existence que pendant le temps que Pierre existe; la seconde, au contraire, marque la constitution du corps de Paul, bien plus que la nature de Pierre; et c'est pourquoi, tant que durera cette constitution du corps de Paul, l'âme de Paul, encore que Pierre n'existe plus, le contemplera cependant comme présent à elle-même.

Enfin, pour employer les mots usités, ces affections du corps humain, dont les idées nous représentent les corps extérieurs comme s'ils nous étaient présents, nous les appellerons *images des choses*, encore qu'elles ne reproduisent pas les figures des choses. Et lorsque l'âme contemple les choses de cette façon, nous dirons qu'elle *imagine*.

Et, ici, pour commencer à indiquer ce que c'est que *l'erreur* [1], je voudrais que vous remarquiez que les imaginations de l'âme, considérées en soi, ne contiennent rien d'erroné ; en d'autres termes, que l'âme ne se trompe point, parce qu'elle imagine ; mais seulement en tant qu'elle est considérée manquant d'une idée, qui exclut l'existence de ces choses qu'elle imagine comme présentes à elle-même. En effet si l'âme, tandis qu'elle imagine comme présentes à elle-même des choses qui n'existent pas, savait en même temps que ces choses n'existent pas réellement, elle n'attribuerait certainement pas cette puissance d'imaginer à un défaut, mais à une vertu de sa nature ; surtout si cette faculté d'imaginer dépendait de sa seule nature ; c'est-à-dire (*par la Défin.* vii, *Part.* I) si cette faculté de l'âme d'imaginer était libre.

PROPOSITION XVIII.

Si le corps humain a été affecté une fois, simultanément, par deux ou plusieurs corps, dès que l'âme humaine imaginera dans la suite l'un de ces corps, elle se ressouviendra aussitôt des autres.

---

1. *L'erreur n'est que le songe d'un homme éveillé.* — RÉFORME DE L'ENTENDEMENT ; *De l'Idée fausse*, etc.

DÉMONSTRATION.

L'âme (*par le Coroll. précéd.*) imagine un certain corps, parce que
le corps humain est affecté et disposé par les *traces* d'un corps
extérieur, de la même façon dont il a été affecté lorsque certaines
parties de lui-même ont été poussées par ce corps extérieur.
Mais (*selon l'hypothèse*) le corps a été disposé alors de telle sorte,
que l'âme imaginait deux corps à la fois. En conséquence l'âme
imaginera maintenant encore deux corps à la fois; et, dès que
l'âme imaginera l'un ou l'autre de ces corps, elle se ressouviendra
aussitôt de l'autre.

SCHOLIE.

Nous comprenons clairement par là ce que c'est que la *mémoire*.

La *mémoire*, en effet, ce n'est rien autre chose *qu'un certain enchaînement d'idées enveloppant la nature des choses qui sont en dehors
du corps humain*[1]. Et cet enchaînement se fait, dans l'âme, selon
l'ordre et l'enchaînement des affections du corps humain.

Je dis *premièrement* que cet enchaînement est celui de ces idées
seulement qui *enveloppent* la nature des choses qui sont en dehors
du corps humain; et non l'enchaînement des idées qui *expliquent*
la nature de ces mêmes choses; car (*par la Propos.* xvi, *Part.* II) ce
sont réellement les *idées* des affections du corps humain qui
enveloppent la nature de celui-ci, ainsi que celle des corps
extérieurs.

---

1. « Que sera donc la mémoire? Rien autre que la *sensation* des impressions du cer-
« veau, en même temps que la pensée de cette sensation, pendant une durée détermi-
« née. Et c'est ce que montre aussi la réminiscence. » (RÉFORME DE L'ENTENDEMENT; *De la
mémoire.*)

Je dis *secondement* que cet enchaînement se fait selon l'ordre et l'enchaînement des affections du corps humain, pour le distinguer de l'enchaînement des idées qui se produit selon l'ordre de l'entendement, à l'aide duquel l'âme perçoit les choses par leurs causes premières, et qui est le même chez tous les hommes.

Et nous comprenons clairement par là, pourquoi l'âme saute instantanément de la pensée d'une certaine chose, à la pensée d'une autre qui n'a avec la première aucune ressemblance. Par exemple, de la pensée du mot *pomum*, un Romain passe aussitôt à la pensée d'un fruit, lequel n'a avec ce son articulé aucune similitude, ni rien de commun, si ce n'est que le corps de ce Romain a été souvent affecté par ces deux choses; c'est-à-dire que cet homme a souvent entendu le mot *pomum*, tandis qu'il en voyait le fruit. Et c'est ainsi que chacun passe d'une pensée à une autre, selon que l'accoutumance de chacun a ordonné dans son corps les images des choses.

Ainsi un soldat, à la vue des traces d'un cheval sur le sable, ira immédiatement de la pensée du cheval à la pensée du cavalier, et de là à la pensée de la guerre, etc. Mais un laboureur passera de la pensée de ce cheval, à la pensée de la charrue, des champs, etc.

Et c'est ainsi que chacun de nous, selon qu'il est accoutumé de joindre et d'enchaîner les images des choses de telle ou telle manière, ira d'une pensée à telle ou telle autre.

P r o p o s i t i o n X I X.

L'âme humaine ne connaît le corps humain lui-même, et ne sait qu'il existe, que par les idées des affections dont le corps est affecté.

Démonstration.

L'âme humaine, en effet, c'est *l'idée* elle-même, ou la *connais-sance* du corps humain (*par la Propos.* xiii, *Part.* II), laquelle idée est en Dieu (*par la Propos.* ix, *Part.* II) en tant qu'on le considère affecté d'une autre idée d'une chose particulière; ou bien (*par le Postul.* iv) parce que le corps humain a besoin de beaucoup de corps par lesquels il est continuellement comme régénéré. Or l'ordre et la connexion des idées (*par la Propos.* vii, *Part.* II) est le même que l'ordre et la connexion des causes. Cette idée sera donc en Dieu, en tant qu'on le considère affecté des idées de plusieurs choses particulières. Dieu a donc l'idée du corps humain, ou connaît le corps humain, en tant qu'il est affecté de plusieurs autres idées, et non en tant qu'il constitue la nature de l'âme humaine; c'est-à-dire (*par le Coroll. de la Propos.* xi, *Part.* II) que l'âme humaine ne connaît pas le corps humain.

Mais les *idées* des affections du corps sont en Dieu, en tant qu'il constitue la nature de l'âme humaine; autrement dit l'âme humaine perçoit ces mêmes affections (*par la Propos.* xii, *Part.* II). Conséquemment (*par la Propos.* xvi, *Part.* II), l'âme perçoit le corps humain lui-même, et elle le perçoit (*par la Propos.* xvii, *Part.* II), comme existant en acte. C'est donc de cette façon seulement que l'âme humaine perçoit le corps humain lui-même. C. Q. F. D.

Proposition XX.

Il y a aussi en Dieu l'idée ou la connaissance de l'âme humaine, laquelle idée suit en Dieu de la même manière, et se rapporte à Dieu de la même manière que l'idée ou la connaissance du corps humain.

La pensée est un attribut de Dieu *(par la Propos.* i, *Part.* II) ;
par conséquent *(par la Propos.* iii, *Part.* II) il doit nécessairement y avoir en Dieu l'idée tant de la pensée que de toutes ses
affections ; et conséquemment aussi *(par la Propos.* xi, *Part.* II)
l'idée de l'âme humaine. En second lieu cette idée ou cette connaissance de l'âme ne suit pas en Dieu, en tant qu'il est infini,
mais en tant qu'il est affecté d'une autre idée d'une chose particulière *(par la Propos.* ix, *Part.* II). Or l'ordre et la connexion
des idées est le même que l'ordre et la connexion des causes *(par la*
Propos. vii, *Part.* II). Cette idée ou cette connaissance de l'âme
suit donc en Dieu, et se rapporte à Dieu de la même manière que
l'idée ou la connaissance du corps. C. Q. F. D.

Proposition XXI.

Cette idée *de l'âme est unie à l'âme, de la même manière que l'âme*
elle-même est unie au corps.

Nous avons montré que l'âme est unie au corps, par ce fait que
le corps est *l'objet* de l'âme *(Voyez Propos.* xii *et* xiii, *Part.* II) ; et,
par conséquent, par cette même raison, *l'idée* de l'âme doit être
unie avec son *objet*, c'est-à-dire avec l'âme elle-même, de la même
manière que l'âme est unie au corps. C. Q. F. D.

Cette Proposition se comprend |beaucoup plus clairement par ce qui a été dit au Scholie de la Proposition vii, Partie II. Là, en effet, nous avons montré que *l'idée* du corps, et le *corps*, c'est-à-dire (*par la Propos.* xiii, *Part.* II) l'âme et le corps sont un seul et même Individu[1], qui est conçu tantôt sous l'attribut de la pensée, et tantôt sous celui de l'étendue. C'est pourquoi *l'idée* de l'âme et *l'âme* elle-même *sont une seule même chose*, qui est conçue sous un seul et même attribut; à savoir l'attribut de la pensée.

L'idée de l'âme, dis-je, et l'âme elle-même sont en Dieu par la même nécessité, et résultent de la même puissance de penser. Car, en réalité, *l'idée* de l'âme, c'est-à-dire *l'idée* d'une *idée*, ce n'est rien autre que la *forme* d'une idée, en tant que cette idée est considérée comme un mode de penser, sans relation avec son *objet*. Et, en effet, dès que quelqu'un connaît une chose, par cela même il sait qu'il la connaît; et, en même temps, il sait qu'il sait qu'il a cette connaissance; et ainsi de suite indéfiniment. Mais je reparlerai de cela plus bas [2].

Proposition XXII.

L'âme humaine ne perçoit pas seulement les affections du corps; mais encore les idées *de ces affections.*

Démonstration.

Les idées des idées des affections suivent en Dieu de la même manière, et se rapportent à Dieu de la même façon que les idées elles-mêmes des affections : ce qui se démontre de la même manière que la Proposition xx de cette partie.

1. Voyez Partie iii, le Schol. de la Propos. ii.
2. Voyez Réforme de l'Entendement; *De l'Idée vraie,* etc.

Or, les *idées* des affections du corps sont dans l'âme humaine (*par la Propos.* xii, *Part.* II), c'est-à-dire sont en Dieu (*par le Coroll. de la Propos.* xi, *Part.* II) en tant que Dieu constitue l'essence de l'âme humaine. Donc les idées de ces idées seront en Dieu, en tant qu'il a la connaissance ou l'idée de l'âme humaine; c'est-à-dire (*par la Propos.* xxi, *Part.* II) seront dans l'âme humaine elle-même, laquelle, par ce motif, ne perçoit pas seulement les affections du corps, mais encore les idées de ces affections. C. Q. F. D.

Proposition XXIII.

L'âme ne se connaît elle-même, qu'en tant qu'elle perçoit les idées *des affections du corps.*

Démonstration.

L'idée ou la connaissance de l'âme (*par la Propos.* xx, *Part.* II) suit en Dieu de la même manière, et se rapporte à Dieu de la même manière que l'idée ou la connaissance du corps. Mais puisque l'âme humaine (*par la Propos.* xix, *Part.* II) ne connaît pas le corps humain lui-même; c'est-à-dire (*par le Coroll. de la Propos.* xi, *Part.* II), puisque la connaissance du corps humain ne se rapporte pas à Dieu, en tant qu'il constitue la nature de l'âme humaine, alors la connaissance de l'âme ne se rapporte pas non plus à Dieu, en tant qu'il constitue l'essence de l'âme humaine; et, par conséquent (*par ce même Coroll. de la Propos.* xi, *Part.* II), l'âme humaine, dans cette hypothèse, ne se connaît pas elle-même. En second lieu, les idées des affections dont le corps est affecté, enveloppent la nature de ce même corps (*par la Propos.* xvi, *Part.* II); c'est-à-dire (*par la Propos.* xiii, *Part.* II) s'accordent avec la nature de l'âme; par conséquent la connaissance de ces

idées enveloppera nécessairement la connaissance de l'âme. Or,
(*par la Propos. précéd.*) la connaissance de ces idées est dans l'âme
humaine elle-même; c'est donc seulement en tant qu'elle perçoit
ces idées, que l'âme humaine se connaît elle-même. C. Q. F. D.

PROPOSITION XXIV.

*L'âme humaine n'enveloppe pas la connaissance adéquate des parties
qui composent le corps humain.*

DÉMONSTRATION.

Les parties qui composent le corps humain, n'appartiennent pas
à l'essence du corps lui-même, si ce n'est en tant qu'elles se
communiquent réciproquement leurs mouvements, suivant un
certain rapport déterminé (*voyez la Définit. qui suit le Coroll. du
Lemme* III, *Part.* II) ; et non en tant qu'elles peuvent être considérées comme des Individus sans relation avec le corps humain.

Les parties du corps humain, en effet (*par le Postul.* I), sont des
individus fort composés, dont les parties (*par le Lemme* IV) peuvent être séparées du corps humain, sans que sa nature et sa forme
en soient le moins du monde changées, et communiquer leurs
mouvements à d'autres corps, sous un rapport différent (*Voyez
l'Axiom.* II *après le Lemme* III). En conséquence (*par la Propos.* III,
Part. II) l'idée ou la connaissance de chaque partie du corps sera
en Dieu; et elle y sera (*par la Propos.* IX, *Part.* II) en tant que l'on
considère Dieu affecté d'une autre idée d'une chose particulière,
laquelle chose particulière est antérieure à cette partie elle-même,
dans l'ordre de la nature (*par la Propos.* VII, *Part.* II).

Il faut dire la même chose de chaque partie de l'Individu lui-
même qui compose le corps humain; et, par conséquent, la con-

naissance de chaque partie composant le corps humain, est en Dieu, en tant qu'il est affecté de plusieurs idées des choses, et non en tant qu'il a seulement l'idée du corps humain ; c'est-à-dire (*par la Propos.* xiii, *Part.* II) l'idée qui constitue la nature de l'âme humaine. Donc (*par le Coroll. de la Propos.* xi, *Part.* II) l'âme humaine n'enveloppe pas la connaissance adéquate des parties qui composent le corps humain. C. Q. F. D.

Proposition XXV.

L'idée d'une affection quelconque du corps humain n'enveloppe pas la connaissance adéquate du corps extérieur.

Démonstration.

Nous avons montré (*voyez Propos.* xvi, *Part.* II) que *l'idée* d'une affection du corps humain n'enveloppe la nature d'un corps extérieur, qu'en tant que ce corps extérieur détermine le corps humain lui-même d'une certaine manière. Or, en tant que ce corps extérieur est un Individu qui ne se rapporte pas au corps humain, son idée ou sa connaissance est en Dieu (*par la Propos.* ix, *Part.* II), en tant que Dieu est considéré affecté de l'idée d'une autre chose, laquelle idée (*par la Propos.* vii, *Part.* II) est antérieure par nature au corps extérieur lui-même. C'est pourquoi la connaissance adéquate du corps extérieur n'est pas en Dieu, en tant qu'il a l'idée d'une affection du corps humain ; en d'autres termes, l'idée de l'affection du corps humain n'enveloppe pas la connaissance adéquate du corps extérieur. C. Q. F. D.

P r o p o s i t i o n   X X V I.

L'âme humaine ne perçoit aucun corps extérieur, comme existant
en acte, *que par les idées des affections de son corps.*

D é m o n s t r a t i o n.

Si le corps humain n'a été affecté d'aucune manière par quelque
corps extérieur, alors (*par la Propos.* vii, *Part.* II) *l'idée* du corps
humain, c'est-à-dire (*par la Propos.* xiii, *Part.* II) *l'âme humaine*
n'est affectée non plus en aucune manière par l'idée de l'existence
de ce corps; en d'autres termes, l'âme humaine ne perçoit en
aucune manière l'existence de ce corps extérieur. Mais quand le
corps humain est affecté en quelque manière par quelque corps
extérieur, alors (*par la Propos.* xvi, *Part.* II avec son *Coroll.*) l'âme
humaine perçoit ce corps extérieur. C. Q. F. D.

C o r o l l a i r e.

En tant que l'âme humaine *imagine* un corps extérieur, elle n'a
pas de ce corps une connaissance adéquate.

D é m o n s t r a t i o n.

Lorsque l'âme humaine contemple les corps extérieurs par les
idées des affections de son corps, nous disons alors qu'elle imagine
(*voyez le Schol. de la Propos.* xvii, *Part.* II); et l'âme (*par la Propos. précéd.*) ne peut imaginer les corps extérieurs, comme existant en acte, d'une autre manière. Par conséquent (*par la Propos.* xxv, *Part.* II) en tant que l'âme imagine les corps extérieurs,
elle n'a pas de ces corps une connaissance adéquate. C. Q. F. D.

PROPOSITION XXVII.

L'idée d'une affection quelconque du corps humain n'enveloppe pas une connaissance adéquate de ce corps humain.

DÉMONSTRATION.

Toute idée d'une affection quelconque du corps humain enveloppe la nature du corps humain, en tant que le corps humain lui-même est considéré affecté d'une certaine manière déterminée (*voyez Propos.* xvi, *Part.* II.). Or, en tant que le corps humain est un Individu, qui peut être affecté de beaucoup d'autres manières, son idée, etc. (*Voyez la Démonstr. de la Propos.* xxv, *Part.* II.)

PROPOSITION XXVIII.

Les idées des affections du corps humain, en tant qu'elles se rapportent à l'âme seulement, ne sont pas claires et distinctes, mais confuses.

DÉMONSTRATION.

Les idées des affections du corps humain, en effet, enveloppent tant la nature des corps extérieurs, que celle du corps humain lui-même (*par la Propos.* xvi, *Part.* II). Et non seulement elles doivent envelopper la nature du corps humain ; mais encore la nature de ses parties ; car les affections sont des modes (*par le Postul.* III) par lesquels les parties du corps humain sont affectées, et conséquemment le corps tout entier.

Or (*par les Propos.* xxiv et xxv, *Part.* II) la connaissance adéquate des corps extérieurs, comme celle des parties qui composent le

corps humain, n'est pas en Dieu, en tant qu'on le considère affecté
de l'âme humaine, mais en tant qu'il est affecté d'autres idées.

Ces idées des affections du corps humain, en tant qu'elles se
rapportent à l'âme humaine seule, sont donc comme des conséquences privées de leurs prémisses ; c'est-à-dire (*comme cela se voit
de soi*) des idées confuses. C. Q. F. D.

SCHOLIE.

On démontre de la même manière que l'idée qui constitue la nature de l'âme humaine, considérée en soi seule, n'est pas claire et
distincte ; de même également que l'idée de l'âme humaine, et les
idées des idées des affections du corps humain, en tant qu'elles
se rapportent à l'âme seule : ce que chacun peut voir aisément.

PROPOSITION XXIX.

*L'idée d'une idée quelconque d'une affection du corps humain n'enve-
loppe pas une connaissance adéquate de l'âme humaine.*

DÉMONSTRATION.

L'idée d'une affection du corps humain, en effet (*par la Propos. xxvii, Part.* II), n'enveloppe pas la connaissance adéquate du
corps lui-même, autrement dit n'exprime pas sa nature d'une manière adéquate : c'est-à-dire (*par la Propos.* xiii, *Part.* II) ne s'accorde pas d'une manière adéquate avec la nature de l'âme. En conséquence (*par l'Axiom.* vi, *Part.* I), l'idée de cette idée n'exprime
pas la nature de l'âme humaine d'une manière adéquate ; autrement dit elle n'enveloppe pas une connaissance adéquate de
l'âme. C. Q. F. D.

Corollaire.

Il suit de là que l'âme humaine, *toutes les fois qu'elle perçoit les choses d'après l'ordre commun de la Nature*, n'a ni d'elle-même, ni de son corps, ni des corps extérieurs, une connaissance adéquate ; mais seulement une connaissance confuse et mutilée.

Car l'âme ne se connaît elle-même, qu'en tant qu'elle perçoit les idées des affections du corps (*par la Propos.* xxiii, *Part.* II). Or l'âme ne perçoit son corps (*par la Propos.* xix, *Part.* II) que par les idées mêmes des affections, à l'aide desquelles seulement (*par la Propos.* xxvi, *Part.* II) elle perçoit les corps extérieurs. Par conséquent, en tant qu'elle a ces idées, l'âme n'a ni d'elle-même (*par la Propos.* xxix, *Part.* II), ni de son corps (*par la Propos.* xxvii, *Part.* II), ni des corps extérieurs (*par la Propos.* xxv, *Part.* II) une connaissance adéquate ; mais seulement (*par la Propos.* xxviii, *Part.* II, *avec son Scholie*) une connaissance mutilée et confuse. C. Q. F. D.

Scholie.

Je dis expressément que l'âme n'a ni d'elle-même, ni de son corps, ni des corps extérieurs, une connaissance adéquate, mais seulement une connaissance confuse [1], toutes les fois qu'elle perçoit les choses d'après l'ordre commun de la Nature ; c'est-à-dire toutes les fois qu'elle est déterminée *extérieurement* (c'est à savoir par la rencontre fortuite des choses) à contempler ceci ou cela ; et non toutes les fois qu'elle est déterminée *intérieurement* (c'est à savoir par ce fait qu'elle contemple simultanément plusieurs choses), à comprendre leurs convenances, leurs différences et leurs oppo-

---

1. Toute confusion provient de ce que l'âme ne connaît qu'en partie une chose entière, ou composée de beaucoup de parties, et ne distingue pas le connu de l'inconnu. — Réforme de l'Entendement ; *Des Fictions*.

sitions. Toutes les fois, en effet, que l'âme est disposée *intérieure-*
ment par telle ou telle manière, c'est alors seulement qu'elle contemple les choses clairement et distinctement, comme je le ferai
voir tout à l'heure[1].

P R O P O S I T I O N X X X.

Nous ne pouvons avoir de la durée de notre corps, qu'une connais-
sance fort inadéquate.

D É M O N S T R A T I O N.

La durée de notre corps ne dépend pas de son essence (*par*
l'Axiom. i, *Part.* II), ni de la nature absolue de Dieu (*par la Pro-*
pos. xxi, *Part.* I). Mais notre corps (*par la Propos.* xxviii, *Part.* I) est
déterminé à exister et à agir par telles causes, qui sont déterminées
aussi par d'autres causes à exister et à agir d'une manière certaine
et déterminée; et celles-ci de nouveau par d'autres causes; et ainsi
de suite à l'infini. La durée de notre corps dépend donc de l'ordre
commun de la Nature, et de la constitution des choses.

Or, comment les choses sont-elles constituées? La connaissance
adéquate de ce fait est en Dieu, en tant qu'il a les idées de toutes
ces choses, et non en tant qu'il a seulement l'idée du corps humain
(*par le Coroll. de la Propos.* ix, *Part.* II). La connaissance de la
durée de notre corps est donc en Dieu fort inadéquate, en tant
qu'on le considère comme constituant seulement la nature de
l'âme humaine; autrement dit (*par le Coroll. de la Propos.* xi,

---

1. Nous avons donc établi une distinction entre une idée vraie et les autres perceptions,
et nous avons montré que les idées *fictives, fausses,* et autres semblables, ont leur origine
dans l'imagination; c'est-à-dire dans *certaines sensations fortuites,* pour ainsi parler,
et sans liaison, qui ne proviennent pas de la puissance même de l'âme, mais de causes
extérieures, selon que le corps, dans la veille ou dans le sommeil, reçoit des mouvements
différents. — Réforme de l'Entendement. *Résumé de la première partie de la méthode.*

Part. II), cette connaissance est fort inadéquate dans notre âme. C. Q. F. D.

PROPOSITION XXXI.

Nous ne pouvons avoir de la durée des choses particulières, qui sont en dehors de nous, qu'une connaissance fort inadéquate [1].

DÉMONSTRATION.

Chaque chose particulière, en effet, de même que le corps humain, doit être déterminée à exister et à agir d'une façon certaine et déterminée, par une autre chose particulière ; et celle-ci de nouveau par une autre ; et ainsi de suite à l'infini *(par la Propos.* xxviii, *Part.* I).

Or, comme nous avons démontré dans la précédente Proposition, par cette propriété commune des choses particulières, que nous n'avons de la durée de notre corps qu'une connaissance fort inadéquate, il en faudra donc conclure la même chose de la durée des choses particulières ; c'est à savoir que nous n'en pouvons avoir qu'une connaissance fort inadéquate. C. Q. F. D.

COROLLAIRE.

Il suit de là que toutes les choses *particulières* sont *contingentes* et *corruptibles.* Nous ne pouvons, en effet, avoir de leur durée aucune connaissance adéquate *(par la Propos. précéd.).* Et *c'est cela même qu'il nous faut entendre par contingence des choses, et possibilité de corruption (voyez le Schol.* I *de la Propos.* xxxiii, *Part.* I); car, *en dehors de cela (par la Propos.* xxix, *Part.* I), il n'y a aucun contingent.

1. Voyez Partie IV, le Schol. de la Propos. LXII.

Proposition XXXII.

Toutes les idées, en tant qu'elles se rapportent à Dieu, sont vraies.

Démonstration.

Toutes les *idées*, en effet, qui sont en Dieu, s'accordent entièrement avec leurs *objets* (*par le Coroll. de la Propos.* vii, *Part.* II). Par conséquent (*par l'Axiom.* vi, *Part.* I) toutes sont vraies. C. Q. F. D.

Proposition XXXIII.

Il n'y a rien de positif dans les idées, qui puisse faire dire qu'elles sont fausses.

Démonstration.

Si vous le niez, concevez, s'il se peut faire, un mode positif de penser, qui constitue la forme de l'erreur ou de la fausseté. Ce mode de penser ne peut être en Dieu (*par la Propos. précéd.*). Il ne peut non plus ni exister, ni être conçu en dehors de Dieu (*par la Propos.* xv, *Part.* I). Par conséquent, il ne peut rien y avoir de positif dans les idées, qui puisse faire dire qu'elles sont fausses. C. Q. F. D.

Proposition XXXIV.

Toute idée qui est, en nous, absolue, c'est-à-dire adéquate et parfaite, est vraie.

Démonstration.

Lorsque nous disons qu'il y a, en nous, une idée adéquate et parfaite, nous ne disons rien autre (*par le Coroll. de la Propos.* xi,

Part. II), sinon qu'il y a en Dieu, en tant qu'il constitue l'essence de notre âme, une idée adéquate et parfaite ; et conséquemment (*par la Propos.* xxxii, *Part.* II) nous ne disons rien autre, sinon qu'une telle idée est vraie. C. Q. F. D.

P r o p o s i t i o n   X X X V.

La fausseté consiste dans la privation de connaissance que les idées inadéquates, c'est-à-dire mutilées et confuses, enveloppent.

D é m o n s t r a t i o n.

Il n'y a rien de *positif*, dans les idées, qui constitue la forme de la fausseté (*par la Propos.* xxxiii, *Part.* II) ; et la fausseté ne peut consister dans l'absolue privation de connaissance, — ce sont les âmes, en effet, et non les corps que l'on accuse d'être dans l'erreur et de se tromper, — non plus que dans l'ignorance absolue. Ignorer, et se tromper, sont, en effet, deux choses fort différentes. C'est pourquoi la fausseté consiste dans la privation de connaissance que la connaissance inadéquate des choses, en d'autres termes les idées inadéquates et confuses enveloppent[1]. C. Q. F. D.

S c h o l i e.

Dans le Scholie de la Propos. xvii de cette partie, j'ai expliqué comment l'erreur consiste dans la privation de connaissance. Mais pour donner une explication plus complète de ce fait, j'en vais fournir un exemple.

Les hommes se trompent quand ils pensent être libres ; et cette

---

1. *La fausseté consiste en ceci seulement que nous affirmons d'une certaine chose, quelque propriété qui n'est pas contenue dans le concept que nous avons formé de cette chose.* — Réforme de l'Entendement ; *De l'Idée fausse.*

opinion consiste en cela seul qu'ils ont conscience de leurs actions, mais qu'ils ignorent les causes qui les déterminent. Cette idée de leur liberté provient donc de ce qu'ils ne connaissent point la cause de leurs actions. Car, lorsqu'ils disent que les actions humaines dépendent de la volonté, ils prononcent des mots dont ils n'ont aucune idée. Qu'est-ce en effet que la Volonté? Et comment meut-elle le corps? C'est ce que tous ignorent. Quant à ceux qui font parade d'autres conceptions, qui imaginent des *sièges* de l'âme et des *demeures* de l'âme, ils prêtent à rire, d'ordinaire, ou font pitié.

C'est ainsi que lorsque nous regardons le soleil, nous nous imaginons qu'il est distant de nous de deux cents pieds environ. Cette erreur ne consiste pas dans cette imagination seule, mais dans ce fait que, tandis que nous imaginons ainsi le soleil, nous ignorons et sa vraie distance, et la cause de cette imagination. Et encore que, plus tard, nous sachions que le soleil est éloigné de nous de plus de six cents diamètres terrestres, nous nous imaginons néanmoins qu'il est près de nous. Nous ne nous imaginons pas, en effet, le soleil si proche, parce que nous ignorons sa vraie distance, mais parce que l'affection de notre corps enveloppe l'essence du soleil, en tant que notre corps lui-même est affecté par le soleil.

Proposition XXXVI.

Les idées inadéquates et confuses s'ensuivent avec la même nécessité que les idées adéquates, c'est-à-dire claires et distinctes.

Démonstration.

Toutes les idées sont en Dieu (*par la Propos.* xv, *Part.* I), et, en tant qu'elles se rapportent à Dieu, sont vraies (*par la Propos.* xxxii, *Part.* II), et adéquates (*par le Coroll. de la Propos.* vii, *Part.* II). En conséquence, il n'y a d'idées inadéquates et confuses, qu'en tant qu'elles se rapportent à l'âme particulière d'un certain individu (*voyez à ce sujet les Propos.* xxiv *et* xxviii, *Part.* II); et, par conséquent, toutes les idées, tant adéquates qu'inadéquates, s'ensuivent avec la même nécessité (*par le Coroll. de la Propos.* vi, *Part.* II). C. Q. F. D.

P r o p o s i t i o n   XXXVII.

Ce qui est commun à toutes choses (voyez à ce sujet le Lemme II ci-dessus), *et se trouve dans la partie aussi bien que dans le tout, ne constitue l'essence d'aucune chose particulière.*

D é m o n s t r a t i o n.

Si vous le niez, concevez, s'il se peut faire, que ce principe commun à toutes choses constitue l'essence d'une certaine chose particulière, à savoir l'essence de B. Alors (*par la Défin.* II, *Part.* II) ce principe commun à toutes choses ne pourra ni être, ni être conçu sans B. Or cela est contre l'hypothèse. Donc ce principe commun à toutes choses n'appartient pas à l'essence de B, et ne constitue pas l'essence d'une autre chose particulière. C. Q. F. D.

P r o p o s i t i o n   XXXVIII.

Ce qui est commun à toutes choses, et se trouve dans la partie aussi bien que dans le tout, ne peut être conçu que d'une manière adéquate.

D é m o n s t r a t i o n.

Soit A ce quelque chose qui est commun à tous les corps, et qui se trouve dans la partie d'un certain corps, aussi bien que dans le tout. Je dis que A ne peut être conçu que d'une manière adéquate. En effet l'idée de A (*par le Coroll. de la Propos.* vii, *Part.* II) sera nécessairement adéquate en Dieu, non seulement en tant qu'il a l'idée du corps humain, mais encore en tant qu'il a les idées des affections de ce corps, lesquelles enveloppent (*par les Propos.* xvi, xxv et xxvii, *Part.* II) et la nature du corps humain, et, en partie, la nature des corps extérieurs.

En d'autres termes (*par les Propos.* xii *et* xiii, *Part.* II) cette idée de A sera nécessairement adéquate en Dieu, en tant qu'il constitue l'âme humaine, c'est-à-dire en tant qu'il a les idées qui sont dans l'âme humaine.

L'âme, par conséquent (*par le Coroll. de la Propos.* xi, *Part.* II), perçoit A nécessairement d'une façon adéquate, et en tant qu'elle se perçoit elle-même, et en tant qu'elle perçoit son propre corps, ou tout corps extérieur quelconque; et A ne peut être conçu d'une autre manière. C. Q. F. D.

C o r o l l a i r e.

Il suit de là qu'il y a certaines idées ou *notions* communes à tous les hommes. Car (*par le Lemme* ii) tous les corps se ressemblent en certains points, lesquels (*par la Propos. précéd.*) doivent être perçus par tous d'une façon adéquate, c'est-à-dire clairement et distinctement.

P r o p o s i t i o n X X X I X.

Ce qui est propre et commun au corps humain et à certains corps extérieurs par lesquels le corps humain est habituellement affecté, et qui se trouve dans la partie de chacun de ces corps, aussi bien que dans le tout, l'idée de ce quelque chose de commun sera adéquate aussi dans l'âme.

Démonstration.

Soit A ce qui est propre et commun au corps humain et à certains corps extérieurs, qui se trouve dans le corps humain aussi bien que dans ces mêmes corps extérieurs, et, enfin, qui est dans la partie de tout corps extérieur, aussi bien que dans le tout.

Il y aura en Dieu l'idée adéquate de A (*par le Coroll. de la Propos.* vii, *Part.* II), et en tant qu'il a l'idée du corps humain, et en tant qu'il a les idées des corps extérieurs mentionnés.

Supposons maintenant que le corps humain soit affecté par un corps extérieur, précisément par ce qu'il a de commun avec lui, c'est-à-dire par A; l'idée de cette affection enveloppera la propriété A (*par la Propos.* xvi, *Part.* II); et, conséquemment (*par le même Coroll. de la Propos.* vii, *Part.* II), l'idée de cette affection, en tant qu'elle enveloppe la propriété A, sera adéquate en Dieu, en tant qu'il est affecté par l'idée du corps humain; c'est-à-dire (*par la Propos.* xiii, *Part.* II) en tant qu'il constitue la nature de l'âme humaine. Donc cette idée (*par le Coroll. de la Propos.* xi, *Part.* II) est adéquate aussi dans l'âme humaine. C. Q. F. D.

Corollaire.

Il suit de là que l'âme est d'autant plus apte à percevoir un plus grand nombre de choses, d'une façon adéquate, que son corps a plus de points communs avec les autres corps.

Proposition XL.

Toutes les idées qui suivent, dans l'âme, d'idées qui sont adéquates dans l'âme même, sont aussi adéquates.

Cela est évident. Car lorsque nous disons qu'une idée, dans l'âme humaine, s'ensuit d'idées qui sont adéquates dans l'âme même, nous ne disons rien autre chose (*par le Coroll. de la Propos.* xi, *Part.* II), sinon qu'il y a, dans l'entendement divin lui-même, une idée dont Dieu est cause, non pas en tant qu'infini, ni en tant qu'il est affecté par les idées de beaucoup de choses particulières; mais en tant seulement qu'il constitue l'essence de l'âme humaine.

J'ai expliqué, par ce qui précède, la cause des notions que l'on appelle *communes*, et qui sont les fondements de notre raisonnement.

Mais il y a d'autres causes de certains axiomes ou notions qu'il serait utile d'expliquer par notre méthode; car l'on verrait par là quelles notions sont utiles au-dessus de toutes les autres, et quelles ne sont, pour ainsi dire, d'aucun usage. L'on verrait encore quelles notions sont communes; quelles ne sont claires et distinctes qu'aux esprits affranchis des préjugés; et, enfin, quelles sont mal fondées. L'on verrait, en outre, d'où tirent leur origine ces notions que l'on nomme *secondes*, et par suite les axiomes qui s'appuient sur elles; et d'autres choses qui me sont venues jadis à la pensée, à propos de celles-ci. Mais comme j'ai réservé ces matières pour un autre Traité, et aussi dans la crainte de fatiguer le lecteur par la prolixité du sujet, j'ai résolu de m'abstenir présentement d'en parler.

Toutefois, pour ne rien omettre de ce qu'il est nécessaire de savoir, j'exposerai brièvement l'origine de ces termes que l'on appelle *transcendantaux*, tels que *Chose, Être, Quelque chose.*

Le corps humain étant fort limité, n'est capable de former dis-

tinctement en soi, et à la fois, qu'un certain nombre d'images. (J'ai
expliqué dans le *Schol. de la Propos.* xvii, *Part.* II, ce que c'est
qu'une image). Que si ce nombre est dépassé, ces images com-
menceront à se confondre. Et si ce nombre d'images, que le corps
est capable de former en soi, à la fois, et distinctement, excède de
beaucoup la mesure, alors toutes ces images se confondront entièrement entre elles [1].

Les choses étant ainsi, il est évident *par le Coroll. de la Propos.* xvii, *et par la Propos.* xviii, *Part.* II, que l'âme humaine ne
pourra imaginer, à la fois, et distinctement, qu'un nombre de corps
égal au nombre d'images qui peuvent se former à la fois, dans son
propre corps à elle-même. Or, dès que les images se confondent
entièrement dans le corps, l'âme, de son côté, imaginera tous les
corps confusément, sans aucune distinction ; et elle les embrassera
comme sous un seul attribut, à savoir sous l'attribut d'*Être*, de
Chose, etc. Ce phénomène peut encore être déduit de ce fait, que
les images ne se présentent pas toujours avec la même vigueur, et
autres causes analogues. Mais je n'ai pas besoin de les expliquer
ici, car, pour atteindre le but que nous nous proposons, il suffit
d'en considérer une seule. Toutes, en effet, reviennent à ceci, que
ces termes d'*Être*, de *Chose*, etc., signifient les idées à leur dernier degré de confusion.

C'est également de causes semblables que sont nées les notions
que l'on appelle *universelles*, comme l'*homme*, le *cheval*, le *chien*, etc.

Ainsi, il se forme à la fois, dans le corps humain, tant d'images

---

1. Plus l'existence est conçue *généralement*, plus aussi elle est conçue *confusément*,
et plus facilement elle peut être attribuée à une chose quelconque. Et, au contraire, plus
l'existence est conçue *particulièrement*, plus alors on la comprend clairement, et plus il
est difficile de l'attribuer à un objet quelconque, si ce n'est à la chose propre, sans faire
attention à l'ordre de la Nature. — Réforme de l'Entendement ; *De l'Idée vraie.*

d'hommes, par exemple, qu'elles surpassent sa force d'imaginer;
non pas entièrement, à vrai dire; mais à ce point, cependant, que
l'âme ne peut plus imaginer les petites différences des uns et des
autres (à savoir la couleur, la grandeur de chacun, etc.), ni leur
nombre déterminé. Ce que l'âme imaginera seulement d'une façon
distincte, en tant toutefois que le corps en est affecté, c'est ce qui
est commun à tous; car c'est par là, surtout, par ce qui est commun à tous, que le corps a été affecté. Et c'est cela que l'âme
exprime par le mot *homme;* c'est cela qu'elle affirme de tous les
individus humains, en nombre infini; car, comme nous l'avons dit,
l'âme ne peut imaginer le nombre déterminé de tous les hommes.

Mais il faut remarquer que ces notions ne sont pas formées par
tous, de la même manière. Elles varient en chacun selon la parti-
cularité dont le corps a été le plus souvent affecté, et que l'âme
imagine ou dont elle se souvient le plus facilement. Ceux, par
exemple, qui ont contemplé le plus souvent avec admiration la
stature des hommes, comprendront, sous le nom d'*homme,* un animal d'une stature droite. Ceux, au contraire, qui ont accoutumé
de contempler l'homme d'une autre manière, formeront une autre
image commune des hommes : à savoir que l'homme est un animal
doué de la faculté de rire, un bipède sans plumes, un animal rai-
sonnable. Et de même, pour le reste, chacun, selon la disposition
de son corps, formera des images universelles des choses. C'est
pourquoi il n'est pas étonnant qu'il se soit produit tant de controverses parmi les Philosophes qui ont voulu expliquer les choses
de la Nature, par les seules images des choses.

SCHOLIE II.

Par tout ce qui précède, il apparaît clairement que nous percevons un grand nombre d'objets, et que nous formons nos notions universelles :

1° A l'aide des choses particulières représentées par les sens à notre entendement[1], d'une manière mutilée, confuse et sans ordre (*Voyez le Coroll. de la Propos.* xxix, *Part.* II); et c'est pourquoi j'appelle d'ordinaire de telles perceptions : *connaissance fournie par l'expérience vague ;*

2° Au moyen des signes : par exemple, lorsque, ayant ouï ou lu certains mots, nous nous souvenons de choses dont nous formons des idées semblables à celles qui nous font imaginer ces choses (*Voyez le Schol. de la Propos.* xviii, *Part* II).

Ces deux manières de contempler les choses, je les appellerai dorénavant *connaissance du premier genre, opinion,* ou *imagination ;*

3° Enfin, des notions communes et des idées adéquates que nous avons des propriétés des choses (*Voyez le Coroll. de la Propos.* xxxviii, *la Propos.* xxxix *avec son Coroll. et la Propos.* xl, *Part.* II). J'appellerai cette manière de contempler les choses; *raison* et *connaissance du second genre.*

Outre ces deux genres de connaissance, il y en a encore un troisième, comme je le ferai voir dans ce qui va suivre, que nous appellerons *science intuitive.* Et ce genre de connaissance va de l'idée adéquate de l'essence formelle de certains attributs de Dieu, à la connaissance adéquate de l'essence des choses[2].

J'expliquerai tout cela par un seul exemple.

Trois nombres, par exemple, sont donnés, pour en obtenir un quatrième qui soit au troisième, comme le second est au premier.

---

1. *L'idée* n'est en soi rien autre *qu'une certaine sensation.* — Réforme de l'Entendement ; *De l'Idée douteuse.*

2. Voyez Réforme de l'Entendement ; *Des modes de perception.*

Nos marchands n'hésitent pas à multiplier le second par le troisième, et à diviser le produit par le premier ; et cela parce qu'ils
n'ont pas encore oublié ce qu'ils ont appris de leur maître, sans
aucune démonstration ; ou bien parce qu'ils l'ont souvent expéri-
menté dans les nombres les plus simples ; ou, encore, en vertu de
la démonstration de la Propos. xix, du Livre VII d'Euclide, c'est-à-
dire en vertu de la propriété commune des proportions. Mais dans
les nombres très simples, il n'est pas besoin de tout cela. Par
exemple, étant donnés les nombres 1, 2, 3 ; il n'est personne qui
ne voie que le quatrième nombre proportionnel est 6 ; et beaucoup
plus clairement, parce que nous concluons le quatrième terme,
par la même raison qui nous fait voir, d'une seule intuition, le
rapport du premier terme au second.

Proposition XLI.

La connaissance du premier *genre est l'unique cause de la fausseté
des idées : mais la connaissance du* second *et du* troisième *genre est
nécessairement vraie.*

Démonstration.

A la connaissance du premier genre, avons-nous dit au Scholie
précédent, appartiennent toutes ces idées qui sont inadéquates et
confuses ; et, par conséquent (*par la Propos.* xxxv, *Part.* II), cette
connaissance est l'unique cause de la fausseté. En second lieu, à
la connaissance du second et du troisième genre, avons-nous
dit encore, appartiennent les idées qui sont adéquates. Par conséquent (*par la Propos.* xxxiv, *Part.* II) cette connaissance est nécessairement vraie. C. Q. F. D.

PROPOSITION XLII.

C'est la connaissance du second et du troisième genre, et non celle du premier, qui nous apprend à distinguer le vrai du faux.

DÉMONSTRATION.

Cette Proposition est évidente par elle-même. Qui sait, en effet, distinguer entre le vrai et le faux, doit avoir une idée adéquate du vrai et du faux; c'est-à-dire *(par le Schol. II de la Propos.* xl., *Part.* II) doit connaître le vrai et le faux par le second ou le troisième genre de connaissance.

PROPOSITION XLIII.

Celui qui a une idée vraie, sait en même temps qu'il a une idée vraie, et il ne peut douter de la vérité de la chose.

DÉMONSTRATION.

Une idée vraie, en nous, c'est celle qui est adéquate en Dieu, en tant qu'il est expliqué par la nature de l'âme humaine *(par le Coroll. de la Propos.* xi, *Part.* II). Posons donc qu'il y a en Dieu, en tant qu'il est expliqué par la nature de l'âme humaine, une idée adéquate A. L'idée de cette idée doit nécessairement exister aussi en Dieu, et se rapporter à Dieu de la même façon que l'idée A *(par la Propos.* xx, *Part.* II, *dont la démonstration est universelle).* Or, on suppose que l'idée A se rapporte à Dieu, en tant qu'il est expliqué par la nature de l'âme humaine. L'idée de cette idée A doit donc se rapporter aussi à Dieu de la même façon; c'est-à-dire *(par le même Coroll. de la Propos.* xi, *Part.* II) cette idée adéquate de

l'idée A sera dans l'âme elle-même, qui a l'idée adéquate A. Par
conséquent celui qui a une idée adéquate, en d'autres termes (*par
la Propos.* xxxiv, *Part.* II) celui qui connaît une chose dans sa vérité, doit, en même temps, avoir une idée adéquate ou une connaissance vraie de sa connaissance; c'est-à-dire (*comme cela se voit
de soi*), doit avoir en même temps la certitude [1]. C. Q. F. D.

S c h o l i e.

Dans le Scholie de la Proposition xxi, de cette partie, j'ai
expliqué ce que c'est que *l'idée de l'idée.* Mais il faut remarquer que
la Proposition précédente est assez évidente par elle-même; car
il n'est personne, ayant une idée vraie, qui ne sache qu'une idée
vraie enveloppe le suprême degré de certitude [2]. Avoir une idée
vraie, en effet, qu'est-ce que cela signifie? Rien autre, que connaître parfaitement ou complètement une chose. Et, certes, nul
ne peut douter de ce fait, à moins de croire qu'une idée est quelque
chose de muet, à l'instar d'une peinture sur un tableau; et non
un mode de penser, et l'acte de l'intellection lui-même.

Car, je vous prie, qui peut savoir qu'il comprend une certaine
chose, s'il ne comprend auparavant cette chose? En d'autres
termes, qui peut savoir qu'il est certain d'une chose quelconque,
s'il n'est certain auparavant de cette chose? Ensuite, pour servir
de règle de vérité, que peut-il y avoir de plus clair et de plus
certain, qu'une idée vraie? Certes, de même que la lumière se
manifeste elle-même, et manifeste en même temps les ténèbres;
de même la vérité est sa règle à elle-même, et la règle de la
fausseté.

1. Voyez Réforme de l'Entendement; *De l'Idée vraie.*
2. *Celui-là seul peut savoir ce que c'est que la suprême certitude, qui a l'idée adéquate
ou l'essence objective d'une certaine chose.* — Réforme de l'Entendement; *De l'Idée vraie.*

Et je pense, par là, avoir répondu aux questions suivantes.

— Si une idée vraie, dira-t-on, ne se distingue d'une fausse, qu'en tant seulement qu'elle est dite s'accorder avec son objet, alors une idée vraie ne contient pas plus de réalité ou de perfection, qu'une fausse (puisqu'on ne les distingue que par leur seule dénomination intrinsèque); et conséquemment l'homme qui a des idées vraies, ne possède pas une réalité ou une perfection plus grandes, que celui qui n'a que des idées fausses.

— D'où vient, dira-t-on encore, que les hommes ont des idées fausses?

— Et, enfin, comment quelqu'un peut-il savoir, de science certaine, qu'il a des idées qui s'accordent avec leurs objets?

Je pense avoir déjà répondu, je le répète, à ces questions.

En effet, pour ce qui regarde la différence qui existe entre une idée vraie et une idée fausse, il est évident, par la Proposition xxxv, Part. II, que l'idée vraie est à l'idée fausse, comme l'être au *non-être*.

Quant aux causes de la fausseté, je les ai fait voir avec la dernière clarté, depuis la Proposition xix jusqu'à la Propos. xxxv, avec son Scholie. Par où l'on voit quelle différence il y a entre l'homme qui a des idées vraies, et l'homme qui n'en a que des fausses.

Enfin, pour ce qui est du dernier point : — Comment un homme peut-il savoir qu'il a une idée qui s'accorde avec son objet? — j'ai montré tout à l'heure surabondamment que cette connaissance provenait de ce fait seul, que l'homme a une idée qui s'accorde avec son objet; autrement dit, *que la vérité est sa propre règle à elle-même.*

Ajoutez à cela que notre âme, *en tant qu'elle perçoit les choses dans leur vérité*, est une partie de l'entendement infini de Dieu (*par le Coroll. de la Propos.* xi, *Part.* II); et, par conséquent, il est aussi nécessaire que les idées claires et distinctes de l'âme soient vraies, qu'il est nécessaire que soient vraies les idées de Dieu.

PROPOSITION XLIV.

Il n'est point de la nature de la raison de contempler les choses comme contingentes, *mais comme* nécessaires.

DÉMONSTRATION.

Il est de la nature de la raison de percevoir les choses dans leur vérité (*par la Propos.* xli, *Part.* II); à savoir (*par l'Axiom.* vi, *Part.* I) telles qu'elles sont en soi; c'est-à-dire (*par la Propos.* xxix, *Part.* I) non comme contingentes, mais comme *nécessaires.* C. Q. F. D.

COROLLAIRE I.

Il suit de là que c'est l'imagination seule qui nous fait considérer les choses comme contingentes, tant au regard du présent, qu'au regard du passé.

SCHOLIE.

Comment cela se fait-il? C'est ce que je vais expliquer en peu de mots.

Nous avons montré plus haut (*voyez Propos.* xvii, *Part.* II *avec son Corollaire*) que l'âme, encore que les choses n'existent plus, les imagine toujours, néanmoins, comme présentes à elle-même, à moins que des causes ne surviennent qui excluent leur existence présente. Nous avons montré, en second lieu (*Propos.* xviii, *Part.* II), que si le corps humain a été affecté une fois, simultanément, par deux corps extérieurs, dès que l'âme imaginera, par la suite, l'un ou l'autre de ces corps, aussitôt elle se souviendra de l'autre;

c'est-à-dire qu'elle les contemplera tous les deux comme présents
à elle-même, à moins que des causes ne surviennent qui excluent
leur existence présente. Enfin, personne ne met en doute que
nous n'imaginions le temps, par ce fait même que nous imaginons
que certains corps se meuvent plus lentement que d'autres, ou
plus rapidement, ou avec une égale vitesse.

   Supposons donc qu'un enfant, qui aura vu Pierre hier, pour la
première fois, le matin, puis Paul à midi, puis Siméon le soir,
voie de nouveau Pierre aujourd'hui dans la matinée. Par la Proposition xviii, Part. II, il est évident que, dès que cet enfant voit la
lumière du matin, instantanément il verra le soleil parcourant la
même étendue de ciel que le jour précédent, et, tout ensemble,
il imaginera Pierre avec la matinée, Paul avec l'heure de midi,
et Siméon avec le soir; c'est-à-dire qu'il imaginera l'existence de
Paul et de Siméon avec une relation au temps futur. Au contraire,
s'il voit Siméon le soir, il rapportera Paul et Pierre au temps passé,
les imaginant tous les deux simultanément avec ce temps passé. Et
ces faits se reproduiront avec d'autant plus de persistance, que l'enfant aura vu plus souvent Pierre, Paul et Siméon dans ce même ordre.

   Que s'il arrive un jour que l'enfant, à une certaine heure du
soir, au lieu de Siméon, voie Jacob; alors, le lendemain matin,
avec l'heure du soir, il imaginera tantôt Siméon, tantôt Jacob; mais
non tous les deux simultanément. Car l'on suppose qu'il n'a vu
que l'un ou l'autre au soir, et non tous les deux à la fois. Son
imagination sera donc flottante; et, avec le temps futur du soir,
il imaginera tantôt l'un, tantôt l'autre, c'est-à-dire aucun des deux
avec certitude; mais il les considérera l'un et l'autre comme un
futur contingent.

   Or, cette fluctuation de l'imagination sera pareille, si, les choses
que nous imaginons, nous les contemplons de la même manière,

avec une relation au temps futur ou au temps présent. Conséquemment les choses, rapportées tant au temps présent, qu'au temps passé ou au temps futur, nous les imaginerons comme contingentes.

C o r o l l a i r e II.

Il est de la nature de la raison de percevoir les choses sous un certain caractère d'éternité.

D é m o n s t r a t i o n.

Il est de la nature de la raison, en effet, de contempler les choses comme nécessaires, et non comme contingentes (*par la Propos. précédente*). Or, cette nécessité des choses (*par la Propos.* xli, *Part. II*) se perçoit dans sa vérité (*par l'Axiom.* vi, *Part. I*), c'est-à-dire telle qu'elle est en soi. Mais cette nécessité des choses (*par la Propos.* xvi, *Part. I*) *est la nécessité même de l'éternelle nature de Dieu.* Il est donc de la nature de la raison de contempler les choses sous un certain caractère d'éternité.

Ajoutez à cela que les *fondements de la raison,* ce sont les notions qui expliquent ce qui est commun à toutes choses (*par la Propos.* xxxviii, *Part. II*); les notions, dis-je, qui n'expliquent l'essence d'aucune chose particulière (*par la Propos.* xxxvii, *Part. II*), et qui, à cause de cela, doivent être conçues sans aucune relation de temps; mais sous un certain caractère d'éternité. C. Q. F. D.

P r o p o s i t i o n XLV.

Toute idée d'un corps quelconque, ou d'une chose particulière, existant en acte, enveloppe nécessairement l'essence éternelle et infinie de Dieu.

Démonstration.

L'idée d'une chose particulière, existant en acte, enveloppe nécessairement tant l'essence que l'existence de cette chose (*par le Coroll. de la Propos.* viii, *Part.* II). Or les choses particulières (*par la Propos.* xv, *Part.* I) ne peuvent être conçues sans Dieu; mais comme elles ont Dieu pour cause (*par la Propos.* vi, *Part.* II), — en tant qu'il est considéré sous l'attribut dont ces choses elles-mêmes sont les modes, — les *idées* de ces choses (*par l'Axiom.* iv, *Part.* I) doivent nécessairement envelopper le concept de leur attribut; c'est-à-dire (*par la Défin.* vi, *Part.* I) qu'elles doivent nécessairement envelopper l'essence éternelle et infinie de Dieu. C. Q. F. D.

Scholie.

Ici, par existence, je n'entends pas la *durée*, c'est-à-dire l'existence en tant qu'elle est conçue d'une façon abstraite, et comme une certaine forme de la quantité. Car je parle de la nature même de l'existence que l'on attribue aux choses particulières, parce qu'elles découlent en nombre infini, sous des modifications infinies, de la nécessité éternelle de la nature de Dieu (*Voyez Propos.* xvi. *Part.* I). Je parle, dis-je, de l'existence même des choses particulières, en tant qu'elles sont en Dieu. Car, encore que chaque chose soit déterminée par une autre chose particulière, à exister d'une certaine manière; la force, cependant, par laquelle chaque chose persévère dans l'existence, découle de l'éternelle nécessité de la nature de Dieu. — Voyez à ce sujet le Corollaire de la Propos. xxiv, Part. I.

Proposition XLVI.

La connaissance de l'essence éternelle et infinie de Dieu que toute idée enveloppe, est adéquate et parfaite.

, D É M O N S T R A T I O N.

La démonstration de la précédente Proposition est universelle ;
et soit que l'on considère une chose, comme une partie, ou comme
un tout, l'idée de cette chose, qu'elle soit un tout, ou une partie,
enveloppera l'essence éternelle et infinie de Dieu (*par la Propos.
précéd.*). C'est pourquoi ce qui donne la connaissance de l'essence
éternelle et infinie de Dieu, est commun à toutes choses, et se
trouve dans la partie, aussi bien que dans le tout ; et, par conséquent (*par la Propos.* xxxviii, *Part.* II) cette connaissance sera
adéquate. C. Q. F. D.

P R O P O S I T I O N X L V I I.

*L'âme humaine a une connaissance adéquate de l'essence éternelle et
infinie de Dieu.*

D É M O N S T R A T I O N.

L'âme humaine a des idées (*par la Propos.* xxii, *Part.* II), par
lesquelles (*par la Propos.* xxiii, *Part.* II) elle perçoit, comme
existant *en acte*, et elle-même, et son corps (*par la Propos.* xix,
Part. II), et les corps extérieurs (*par le Coroll. de la Propos.* xvi, *et
par la Propos.* xvii, *Part.* II). Par conséquent (*par les Propos.* xlv *et
xlvi, Part.* II), l'âme humaine a une connaissance adéquate de
l'essence éternelle et infinie de Dieu. C. Q. F. D.

S C H O L I E.

Nous voyons par là, que l'essence infinie de Dieu et son éternité
sont connues de tous les hommes. Or, comme toutes choses sont
en Dieu, et sont conçues par Dieu, il s'ensuit que nous pouvons
déduire de cette co naissance un certain nombre de choses que

nous connaissons d'une manière adéquate; et, par suite, former
ce troisième-genre de connaissance, dont nous avons parlé au
Scholie de la Proposition XL, Part. II, et dont nous montrerons
l'excellence et l'utilité dans la cinquième partie.

Maintenant, pourquoi les hommes n'ont-ils pas de Dieu une
connaissance aussi claire que des notions communes? Cela provient
de ce qu'ils ne peuvent imaginer Dieu comme les corps, et qu'ils
ont joint ce mot *Dieu*, aux images des choses qu'ils voient à l'ordinaire; inconvénient que les hommes peuvent difficilement éviter,
affectés qu'ils sont continuellement par les corps extérieurs. Et,
assurément, la plupart des erreurs consistent en cela seul, que
nous n'appliquons pas exactement aux choses, les noms qui leur
conviennent.

Ainsi, lorsque quelqu'un dit que les lignes menées du centre
d'un cercle à sa circonférence, sont inégales, certes, celui-là
entend par cercle, tout autre chose que les mathématiciens. De
même, quand les hommes se trompent en faisant un calcul, c'est
qu'ils ont dans l'esprit des nombres tout différents de ceux qui
sont sur le papier. C'est pourquoi si nous ne considérons que leur
esprit, ils ne se trompent certainement pas; et, cependant, ils
paraissent se tromper, parce que nous pensons qu'ils ont dans
l'esprit, les mêmes nombres qui sont sur le papier. S'il n'en était
pas ainsi, nous ne croirions en aucune façon qu'ils se trompent;
pas plus que je n'ai cru que celui-là se trompait, que j'ai entendu
s'écriant dernièrement : *Ma cour s'est envolée dans la poule de mon
voisin;* parce que sa pensée me semblait suffisamment claire.

Et c'est de là que naissent la plupart des controverses; c'est à
savoir parce que les hommes n'expliquent pas nettement leurs
pensées, ou qu'ils interprètent mal les pensées des autres. Car,
en réalité, au plus fort de leurs contradictions, ou ils pensent les

mêmes choses, ou ils pensent des choses différentes ; de telle sorte
que les erreurs et les absurdités qu'ils croient exister chez autrui,
ne s'y trouvent pas.

Proposition XLVIII.

Il n'y a, dans l'âme, aucune volonté absolue *ou libre; mais l'âme
est déterminée à vouloir ceci ou cela par une cause, laquelle est déterminée à son tour par une autre, et celle-ci de nouveau par une autre,
et ainsi de suite à l'infini.*

Démonstration.

L'âme est un mode certain et déterminé de penser (*par la
Propos.* xi, *Part.* II). En conséquence (*par le Coroll.* II *de la
Propos.* xvii, *Part.* II), elle ne peut être la cause *libre* de ses
actions : en d'autres termes, elle ne peut avoir la faculté *absolue*
de vouloir ou de ne vouloir pas. Mais (*par la Propos.* xxviii,
Part. I), elle doit être déterminée à vouloir ceci ou cela par une
cause, laquelle est déterminée aussi par une autre, et cette dernière de nouveau par une autre, etc. C. Q. F. D.

Scholie.

L'on démontre de la même manière qu'il n'y a, dans l'âme,
aucune faculté absolue de *comprendre*, de *désirer*, d'*aimer*, etc.
D'où il suit que ces facultés et autres semblables ou sont de *pures
fictions*, ou ne sont rien que des *êtres métaphysiques*, autrement dit
des *universaux*, que nous avons coutume de former à l'aide des
choses particulières. De telle sorte que l'entendement et la volonté
sont à telle ou telle idée, ou à telle et telle volition, comme la
pierréité est à telle et telle pierre, ou comme l'*homme* est à Pierre
et à Paul.

Maintenant pour quel motif les hommes se croient-ils libres ?
C'est ce que nous avons expliqué dans l'Appendice de la première
Partie. Mais, avant d'aller plus loin, il est bon de noter ici que, par
Volonté, j'entends *la faculté de nier et d'affirmer*, et non le désir.

Par *Volonté*, dis-je, *j'entends la faculté par laquelle l'âme affirme
ou nie ce qui est vrai ou ce qui est faux ;* et non le désir par lequel
l'âme désire ou repousse les choses.

Or, après avoir démontré que ces facultés sont des *notions universelles*, qui ne se distinguent pas des choses particulières à l'aide
desquelles nous les formons, il faut rechercher actuellement si ces
volitions sont quelque chose en dehors des idées mêmes des choses.
Il faut rechercher, dis-je, s'il y a, dans l'âme, une autre affirmation et une autre négation que celles que l'idée, en tant qu'idée,
enveloppe. Voyez à ce sujet la Proposition suivante, ainsi que la
Définition III, Partie II, afin que la pensée n'ait pas l'air de devenir
une peinture.

Par *idées*, en effet, je n'entends pas les images, telles qu'elles
se forment dans le fond de l'œil, ou, si vous le préférez, au milieu
du cerveau ; *mais les concepts de la pensée.*

P r o p o s i t i o n XLIX.

Il n'y a dans l'âme aucune volition, c'est-à-dire aucune affirmation
et aucune négation, *en dehors de celle que l'idée, en tant qu'elle est
une idée, enveloppe.*

D é m o n s t r a t i o n.

Il n'y a dans l'âme (*par la Propos. précéd.*) aucune faculté *absolue*
de vouloir et de ne vouloir pas ; mais seulement des *volitions particulières*, à savoir telle et telle *affirmation*, et telle et telle *négation*.

Concevons donc une certaine volition particulière, ainsi le mode de penser par lequel l'âme affirme que les trois angles d'un triangle sont égaux à deux droits. Cette affirmation enveloppe le concept ou l'idée du triangle, c'est-à-dire qu'elle ne peut être conçue sans l'idée du triangle. Dire, en effet, que A doit envelopper le concept de B, c'est la même chose que de dire que A ne peut être conçu sans B. En second lieu, cette affirmation (*par l'Axiom.* iii, *Part.* II) ne peut exister non plus sans l'idée du triangle. Cette affirmation ne peut donc ni être, ni être conçue sans l'idée du triangle. De plus, cette idée du triangle doit envelopper cette même affirmation, à savoir que ses trois angles sont égaux à deux droits. Donc, et réciproquement, cette idée du triangle ne peut ni être, ni être conçue sans cette affirmation; et, par conséquent (*par la Défin.* ii, *Part.* II), cette affirmation appartient à l'essence de l'idée du triangle, et elle n'est rien *en dehors* de cette idée. Et ce que nous avons dit de cette volition, que nous avons prise à notre fantaisie, il le faut dire également de toute volition quelle qu'elle soit; à savoir qu'elle n'est rien *en dehors de l'idée.* C. Q. F. D.

COROLLAIRE.

La Volonté et l'Entendement sont *une seule et même chose.*

DÉMONSTRATION.

La Volonté et l'Entendement ne sont rien *en dehors* des *volitions* et des *idées particulières* elles-mêmes (*par la Propos.* xlviii, *Part.* II, *avec son Scholie*).

Or une *volition particulière* et une *idée particulière* (*par la Propos. précéd.*) *sont une seule et même chose.* Donc la Volonté et l'Entendement *sont une seule et même chose.* C. Q. F. D.

Par ce qui précède nous avons détruit la cause de l'erreur, telle qu'on l'établit communément. Or, nous avons montré plus haut que la fausseté consiste dans la seule privation de connaissance que les idées mutilées et confuses enveloppent. C'est pourquoi une idée fausse, en tant qu'elle est fausse, n'enveloppe pas la certitude. Lors donc que nous disons qu'un homme acquiesce à des idées fausses et qu'il ne doute pas de ces idées, nous ne disons pas pour cela qu'il est certain; mais seulement qu'il n'éprouve aucun doute ou qu'il acquiesce à des faussetés, parce que nulles causes ne se présentent qui fassent flotter son imagination. Voyez à cet égard le Scholie de la Proposition XLIV, Part. II.

Quelle que soit donc la force d'adhésion que l'on suppose en un homme pour des choses fausses, nous ne dirons jamais de lui, néanmoins, qu'il est certain. Car, par certitude, nous entendons quelque chose de positif (voyez la Propos. XLIII, Part. II avec son Schol.), et non la privation du doute. Or, par privation de certitude, nous entendons la fausseté.

Mais, pour expliquer plus complètement la précédente Proposition, il reste quelques remarques à faire. Il reste ensuite à répondre aux objections qui peuvent être présentées à notre doctrine. Enfin, pour bannir tout scrupule, j'ai jugé utile d'indiquer certains avantages de cette doctrine : certains, dis-je, car les principaux seront mieux compris par ce que nous dirons dans la cinquième partie.

Je commence donc par le premier point, et j'avertis les lecteurs qu'ils distinguent soigneusement entre une *idée*, c'est-à-dire un *concept* de l'âme, et entre les *images* des choses que nous imaginons.

Il est nécessaire ensuite de distinguer entre les *idées*, et les *mots* à l'aide desquels nous signifions les choses. Car, c'est parce que ces trois choses, à savoir les *images*, les *mots* et les *idées* sont entièrement confondus par beaucoup de personnes, ou ne sont pas distingués avec assez de soin et assez de prudence, c'est pour ce motif, dis-je, que l'on ignore complètement cette doctrine de la Volonté, si nécessaire à connaître, tant dans le domaine de la spéculation, que pour instituer sagement sa vie[1].

En effet, ceux qui pensent que les idées consistent dans les images qui se forment en nous par la rencontre des corps, se persuadent que ces idées des choses, dont nous ne pouvons nous former aucune semblable image, ne sont pas des idées, mais seulement des fictions que nous formons par le libre arbitre de la volonté. Ces idées donc, ils les considèrent comme des peintures muettes sur un tableau; et, préoccupés de ce préjugé, ils ne voient pas qu'une idée, en tant qu'elle est une idée, enveloppe l'affirmation ou la négation.

D'autre part, ceux qui confondent les mots avec l'idée, ou avec l'affirmation même que l'idée enveloppe, croient qu'ils peuvent vouloir contre ce qu'ils sentent; tandis qu'ils n'opposent à ce qu'ils sentent, que des affirmations ou des négations purement verbales.

On se dépouillera facilement de ces préjugés, si l'on fait attention à la nature de la pensée, laquelle n'enveloppe en aucune façon le concept de l'étendue; et, par conséquent, l'on comprendra clairement qu'une idée (puisqu'elle est un mode de penser) ne

---

1. Ensuite comme les *mots* sont une partie de l'imagination.... il ne faut pas douter, par ce motif, que les *mots*, aussi bien que l'*imagination*, si nous ne nous tenons fort en garde contre eux, ne puissent être la cause de beaucoup de grosses erreurs. Ajoutez à cela qu'ils sont constitués selon le caprice et la compréhension du vulgaire; de telle sorte que ce ne sont que des signes de choses, *telles qu'elles sont dans l'imagination,* et non telles qu'elles sont dans l'entendement. — Réforme de l'Entendement.

consiste ni dans l'image d'une certaine chose, ni dans les mots. Car l'essence des mots et des images est constituée par les seuls mouvements corporels, lesquels n'enveloppent nullement le concept de la pensée.

Et il suffit d'avoir fait à cet égard, ce petit nombre de remarques; c'est pourquoi je passe aux objections annoncées.

Première objection. La volonté, dit-on, s'étend plus loin que l'entendement, et, par conséquent, elle en est différente [1].

Or, pourquoi pense-t-on que la volonté s'étend plus loin que l'entendement? C'est parce que l'on a éprouvé, vous répondra-t-on, que l'on n'a pas besoin, pour donner son assentiment à une infinité d'autres choses que nous ne percevons pas, d'une plus grande faculté d'assentir, c'est-à-dire d'affirmer et de nier, que celle que nous possédons actuellement; tandis que l'on a besoin d'une plus grande faculté de comprendre. La volonté est donc distinguée de l'entendement, parce que celui-ci est fini, et celle-là, au contraire, est infinie.

Seconde objection. Est-il rien que l'expérience semble enseigner plus clairement que ceci? à savoir que nous pouvons suspendre notre jugement pour ne pas adhérer aux choses que nous percevons. Et ce qui le confirme, c'est que l'on ne dit de personne qu'il se trompe, en tant qu'il perçoit quelque chose; mais seulement en tant qu'il donne ou ne donne pas son assentiment.

Par exemple, celui qui imagine un cheval ailé, n'accorde pas pour cela qu'il existe un cheval ayant des ailes; c'est-à-dire qu'il ne se trompe que s'il convient en même temps qu'il y a un cheval porteur d'ailes.

1. Voyez *Lettre* ii, à la fin.

L'expérience semble donc enseigner avec la dernière clarté que la volonté, ou la faculté de donner son assentiment, est libre, et différente de la faculté de comprendre.

Troisième objection. Une affirmation ne paraît pas contenir plus de réalité que telle autre affirmation ; c'est-à-dire nous ne paraissons pas avoir besoin, pour affirmer que ce qui est vrai, est vrai, d'une puissance plus grande, que pour affirmer que quelque chose qui est faux, est vrai. Mais nous percevons qu'une idée a plus de réalité ou de perfection que telle autre ; car plus certains objets l'emportent sur certains autres, plus leurs idées sont plus parfaites que les autres. D'où paraît encore évidente la différence qui existe entre la volonté et l'entendement.

Quatrième objection. Si l'homme n'agit point par une volonté libre, qu'arrivera-t-il s'il se trouve dans le même équilibre que l'ânesse de Buridan ? Périra-t-il de faim et de soif ?

Que si je l'accorde, je semblerai concevoir non un homme, mais un âne, ou la statue d'un homme. Que si je le nie, l'homme se déterminera donc de lui-même, et conséquemment il possède la faculté de se diriger et de faire tout ce qu'il veut.

Outre ces objections, l'on en peut encore présenter d'autres. Mais comme je ne suis pas tenu de réduire en poudre toutes les rêveries que chacun peut inventer, je répondrai seulement aux objections précédentes, et cela le plus brièvement qu'il me sera possible.

Réponse à la première objection. J'accorde, à la vérité, que la volonté s'étend plus loin que l'entendement, si, par entendement, l'on comprend seulement les idées claires et distinctes. Mais je nie que la volonté *s'étende plus loin que les perceptions*, autrement dit que la faculté de concevoir. Et je ne vois pas pourquoi l'on pourrait dire de la faculté de *vouloir* qu'elle est infinie, plutôt que l'on ne pourrait le dire de la faculté de *sentir*. Car, de même que nous pouvons affirmer une infinité de choses par la même faculté de vouloir (l'une après l'autre, toutefois, car nous ne pouvons affirmer une infinité de choses à la fois) ; de même nous pouvons sentir ou percevoir une infinité de corps (l'un après l'autre également) par la même faculté de sentir.

— Mais, dira-t-on, il y a une infinité de choses que nous ne pouvons percevoir.

— A quoi je réponds : Nous ne pouvons non plus atteindre ces choses par aucune pensée, et conséquemment par aucune faculté de vouloir.

— Mais, dira-t-on encore, si Dieu voulait que nous percevions cette infinité de choses, il devrait nous donner une faculté de percevoir plus étendue ; mais non une plus grande faculté de vouloir que celle que nous possédons.

— C'est comme si vous disiez, répondons-nous, que si Dieu voulait faire que nous comprenions une infinité d'autres êtres, il serait nécessaire qu'il nous donnât un entendement plus vaste, mais non une idée de l'être plus générale, pour embrasser cette infinité d'êtres.

Nous avons montré, en effet, que la Volonté est un *être universel*, en d'autres termes une *idée* par laquelle nous expliquons *toutes les volitions particulières*, c'est-à-dire ce qui est commun à elles toutes. Mais nos adversaires se persuadant que cette idée universelle, commune à toutes les volitions, est une faculté, il n'est pas étonnant qu'ils disent que cette faculté s'étend à l'infini, au delà des limites de l'entendement. Car l'universel se dit aussi bien d'un seul individu, que de plusieurs, que d'une infinité.

Réponse à la seconde objection. Je nie que nous ayons le libre pouvoir de suspendre notre jugement. Lorsque nous disons, en effet, que quelqu'un suspend son jugement, nous ne disons rien autre, sinon que cette personne nous semble ne pas percevoir une chose d'une façon adéquate. *La suspension du jugement est donc en réalité une perception, et non une libre volonté.*

Et pour que ceci soit compris plus clairement, concevons un enfant imaginant un cheval, et ne percevant rien autre. Puisque cette imagination enveloppe l'existence du cheval (*par le Coroll. de la Propos.* xvii, *Part.* II) et que l'enfant ne perçoit rien qui détruise l'existence de ce cheval, cet enfant contemplera nécessairement ce cheval, comme présent; et il ne pourra douter de son existence, quoiqu'il n'en soit pas certain.

C'est cela même que nous éprouvons tous les jours dans les songes. Et il n'est personne pour croire, je suppose, qu'il ait le libre pouvoir, tandis qu'il rêve, de suspendre son jugement sur les objets de son rêve, et de faire que ces objets qu'il voit en rêve, il ne les rêve pas. Et il arrive, néanmoins, que nous suspendons notre jugement dans les rêves; c'est à savoir quand nous rêvons que nous rêvons.

J'accorde, en second lieu, que personne n'est trompé, en tant qu'il perçoit; autrement dit, j'accorde que les imaginations de l'âme, considérées en soi, n'enveloppent aucune erreur (*voyez le Schol. de la Propos.* xvii, *Part.* II); mais je nie que l'homme n'affirme rien, en tant qu'il perçoit. Car, percevoir un cheval ailé, qu'est-ce autre chose qu'affirmer de ce cheval, qu'il a des ailes? En effet, si l'âme ne percevait rien autre chose qu'un cheval ailé, elle le contemplerait comme présent à elle-même, et elle n'aurait aucune raison de douter de son existence, ni aucune faculté de ne pas donner son assentiment; à moins que cette imagination d'un cheval ailé ne soit jointe à une idée qui détruise l'existence de ce cheval; ou que l'on ne perçoive que cette idée que l'on a d'un cheval ailé, est une idée inadéquate. Alors, nécessairement, ou l'on niera l'existence de ce cheval, ou, nécessairement, on la mettra en doute.

Réponse à la troisième objection. Et je pense, par ce qui précède, avoir répondu à la troisième objection.

La Volonté, je le répète, est quelque chose d'universel, qui se dit de toutes les idées, et qui signifie cela seulement qui est commun à elles toutes, c'est à savoir *l'affirmation.* D'où il suit que l'essence adéquate de la Volonté, en tant qu'on la conçoit ainsi d'une façon abstraite, doit se trouver dans chaque idée, et que, sous ce rapport seulement, elle est la même dans toutes. Mais il n'en est plus ainsi, en tant que la Volonté est considérée comme constituant l'essence de telle ou telle idée; car, alors, les affirmations particulières diffèrent entre elles, comme les idées elles-mêmes. Par exemple, l'affirmation que l'idée du cercle enveloppe, diffère de l'affirmation que l'idée du triangle enveloppe, comme l'idée du cercle diffère de l'idée du triangle [1].

1. .... La Volonté diffère de telle et telle volition, de la même manière que la *blancheur* de tel et tel objet blanc, ou *l'humanité* de tel et tel homme. Et, par conséquent, il est aussi impossible de concevoir la Volonté, comme la cause de telle et telle *volition,* que de concevoir l'humanité, comme la cause de *Pierre* et de *Paul.*

Comme donc la Volonté n'est qu'un *Être de raison,* et que l'on ne peut dire, en aucune façon, qu'elle est la cause de telle et telle volition; comme les volitions particulières, par ce fait qu'elles ont besoin d'une cause pour exister, ne peuvent être appelées *libres;* mais sont telles, nécessairement, que leurs causes les déterminent; et, enfin, comme, selon Descartes, les erreurs elles-mêmes sont des volitions particulières, il s'ensuit nécessaire-

Je nie ensuite, absolument, que nous ayons besoin d'une puissance égale de penser, pour affirmer que ce qui est vrai, est vrai, que pour affirmer que ce qui est vrai, est faux. Car ces deux affirmations, si vous avez égard à l'âme, sont l'une à l'autre, comme l'être au non-être. Il n'y a rien de positif dans les idées, en effet, qui constitue la forme de la fausseté (*Voyez la Propos.* xxxv, *Part.* II, *avec son Schol., et le Schol. de la Propos.* xlvii, *Part.* II). Et c'est bien ici l'occasion de remarquer avec quelle facilité nous sommes trompés, quand nous confondons les *universaux*, avec les choses particulières ; et les êtres de raison et les choses *abstraites*, avec les réalités.

. *Réponse à la quatrième objection.* J'accorde entièrement qu'un homme, placé dans l'équilibre indiqué, c'est-à-dire qui ne perçoit rien autre que la soif et la faim, qu'une telle boisson et qu'une telle nourriture, également distantes de lui, j'accorde, dis-je, que cet homme périra de soif et de faim.

Que si l'on me demande : — Un tel homme n'est-il pas plutôt un âne, qu'un homme ? — Je répondrai que je n'en sais rien ; pas plus que je ne sais le cas qu'il faut faire de celui qui se pend, le cas qu'il faut faire des enfants [1], des idiots, des insensés, etc.

Il reste maintenant à indiquer combien la connaissance de cette

ment que les erreurs, c'est-à-dire les volitions particulières, *ne sont pas libres ;* mais sont déterminées par des causes extérieures, et, en aucune façon, par la *Volonté....* (*Lettre* ii, à la fin.)

1. Au point de vue de *leur peu de raison,* bien entendu ; car personne, plus que Spinoza, ne s'est préoccupé des enfants, et des moyens d'en faire des êtres raisonnables. *Il faudra donner tous ses soins à la morale,* dit-il, *ainsi qu'aux méthodes pour l'éducation des enfants....* — Réforme de l'Entendement.

doctrine est utile pour la pratique de la vie. Et c'est ce que nous remarquerons aisément par ce qui suit.

1° Cette doctrine nous enseigne que nous agissons par la seule impulsion (*nutu*) de Dieu ; et que nous participons de la nature divine, d'autant plus que nous faisons des actions plus parfaites, et que nous comprenons Dieu, de plus en plus [1].

Outre qu'elle apporte dans l'âme une quiétude parfaite, cette doctrine nous enseigne donc encore en quoi consiste notre souveraine félicité, ou notre béatitude ; c'est à savoir dans la seule connaissance de Dieu, laquelle ne nous pousse à accomplir que les actions que nous conseillent l'amour et la piété.

D'où nous comprenons clairement combien ceux-là s'écartent de la véritable appréciation de la vertu, qui, pour prix de la vertu et des bonnes actions, comme du plus dur des esclavages, attendent d'être comblés par Dieu de récompenses sans mesure ; comme si la vertu elle-même et l'esclavage en Dieu n'étaient pas la félicité même et la suprême liberté.

2° Cette doctrine enseigne ensuite comment nous devons nous comporter à l'égard des choses de la fortune, c'est-à-dire à l'égard des choses qui ne sont pas en notre pouvoir ; autrement dit à l'égard des choses qui ne s'ensuivent pas de notre nature ; c'est à savoir en attendant et en supportant d'un esprit égal, l'une et l'autre face de la fortune ; puisque toutes choses résultent de l'éternel décret de Dieu, avec la même nécessité qu'il résulte de l'essence du triangle que ses trois angles sont égaux à deux droits.

3° Cette doctrine est aussi d'une grande utilité pour la vie sociale, en tant qu'elle enseigne à ne haïr et à ne mépriser personne, à ne se moquer de personne, à ne s'irriter contre personne, et à ne porter

---

1. *Plus nous comprenons les choses particulières, plus nous comprenons Dieu.* Voyez Part. V, Propos. xxiv.

envie à qui que ce soit; en tant encore qu'elle apprend à chacun
à être content de son sort, et à porter secours à son prochain;
non point par une pitié de femme, non point avec partialité ou par
superstition; mais par la seule conduite de la raison, selon ce
que les circonstances et la chose exigent, comme je le ferai voir
dans la troisième Partie.

4° Cette doctrine, enfin, n'est pas d'un médiocre avantage pour
la société commune, en tantqu'elle enseigne comment les citoyens
doivent être gouvernés et conduits; c'est à savoir qu'ils ne soient
pas esclaves, mais qu'ils fassent *librement* ce qui est le meilleur [1].

Je termine par là ce que j'avais résolu de traiter dans ce Scholie,
et je mets fin à cette seconde Partie. J'y ai expliqué, je crois, assez
abondamment, et, autant que la difficulté du sujet le comporte,
assez clairement, la nature de l'âme et ses propriétés; et j'ai
présenté des principes d'où l'on peut conclure quantité de choses
excellentes, éminemment utiles, extrêmement nécessaires à connaître, comme le prouvera, en grande partie, la suite de ce livre.

---

1. Cette théorie, sur la manière de se conduire à l'égard des autres, est assurément
admirable. Mais avec quelle prudence ne la doit-il pas mettre en pratique, l'honnête
homme jeté forcément dans la terrible mêlée de la vie; avec quelle prudence et quelle sa-
gacité, disons-nous, s'il ne veut être dévoré par la tourbe des gens sans foi et sans scru-
pules.

De cette théorie, toutefois, retenons expressément ceci : C'est que ceux qui exercent
quelque action sur les autres, ont pour devoir de faire de leurs concitoyens, non des
esclaves, *mais des hommes libres.* (*Note du Traducteur.*)

F i n d e l a d e u x i è m e P a r t i e.

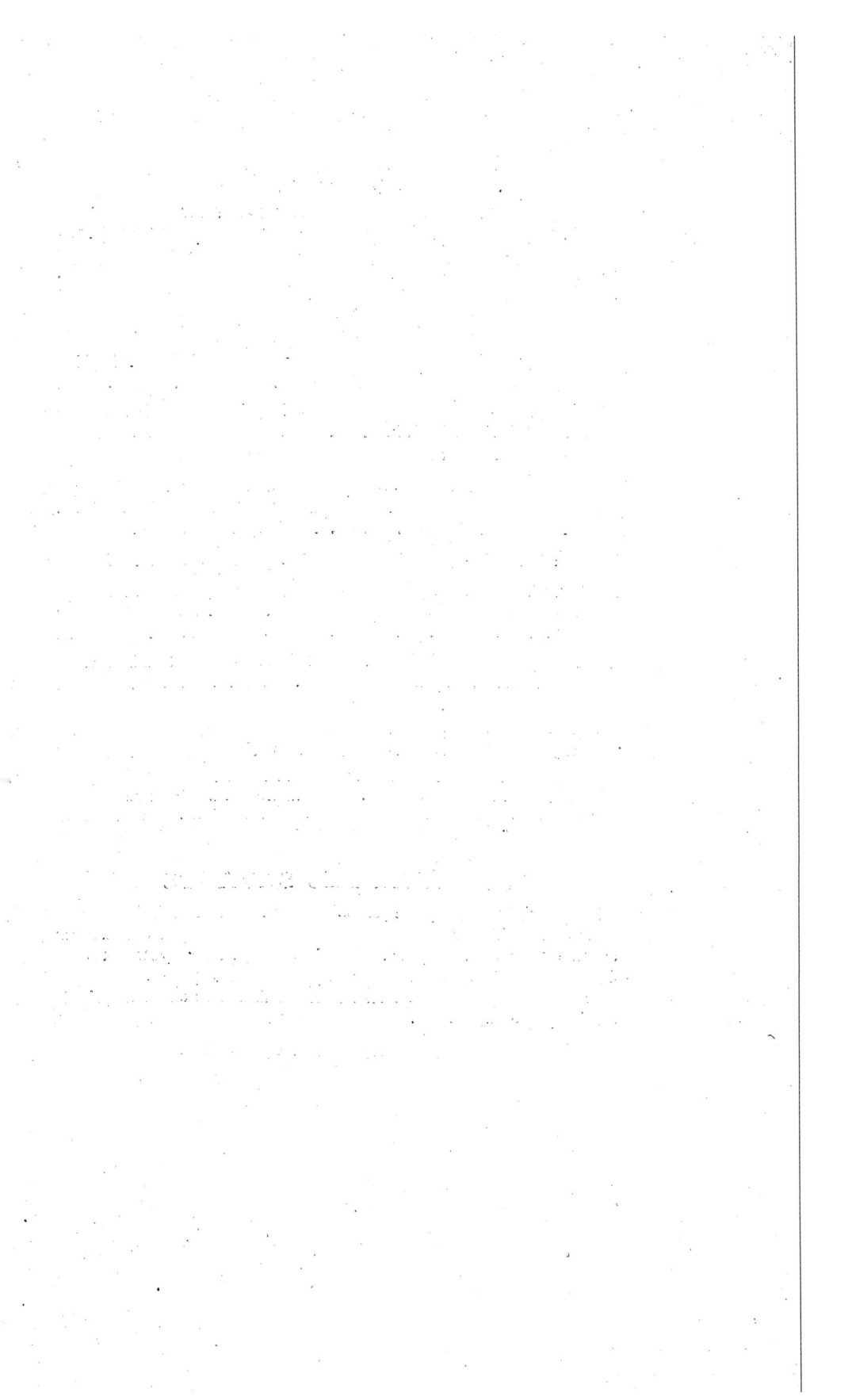

B. DE SPINOZA

TRADUIT ET ANNOTÉ PAR J.-G. PRAT

Tome 1er. *Vie de Spinoza*, avec portrait et autographe. — Principes de la Philosophie de Descartes. — Méditations métaphysiques (traduits en français pour la première fois.
1 vol. in-16 . . . . 4 fr.
Tome II. *Traité théologico-politique.* 1 vol. in-16. . . . . 4 fr.
ETHIQUE. — Partie I. *De Dieu.* 1 vol. grand in-8. . . . . 4 fr.
TRAITÉ POLITIQUE traduit en français pour la première fois. (*Epuisé.*) . . . .
De la droite manière de vivre. 1 vol. petit in-18. . . . . 1 fr

Foucher de Careil (le comte) : *Hegel et Schopenhauer.* Etudes sur la philosophie allemande moderne. 1 vol. in-8. . . . . 3 fr.

Joly (H.), professeur à la Faculté des lettres de Paris : *Psychologie comparée : l'homme et l'animal.* 1 vol. in-8 . . . . 7 fr. 50
Ouvrage couronné par l'Académie des sciences morales et politiques.

Mabilleau, professeur à la Faculté des lettres de Toulouse : *Etude historique sur la philosophie de la renaissance en Italie* (Cesare Cremonini). 1 vol. in-8 . . . . 7 fr. 50

Maillet : *De l'essence des passions.* 1 vol. in-8 . . . . 7 fr. 50

Papillon : *Histoire de la philosophie moderne dans ses rapports avec le développement des sciences de la nature*, publiée par M. Ch. Lévêque. 2 volumes in-8. . . . . 15 fr.

Zeller (E.) : *La philosophie des Grecs avant Socrate.* Ouvrage traduit de l'allemand par Emile Boutroux. 2 vol. in-8. . . . . 20 fr.

DICTIONNAIRE DES SCIENCES PHILOSOPHIQUES

PAR UNE SOCIÉTÉ DE PROFESSEURS ET DE SAVANTS

SOUS LA DIRECTION DE AD. FRANCK, MEMBRE DE L'INSTITUT

Deuxième édition. 1 vol. grand in-8 de 1818 pages à 2 colonnes, broché.. . . . . 35 fr.
La demi-reliure en chagrin, tranches jaspées, se paye en sus 5 fr.

JOURNAL DES SAVANTS

Le *Journal des Savants* paraît par cahiers mensuels du format in-4.

Les douze cahiers de l'année forment un volume. Le prix d'abonnement annuel est de : 36 francs pour Paris, de 40 francs pour les départements et de 42 francs pour les pays étrangers faisant partie de l'Union postale.

Les abonnements partent du commencement de chaque année. Le prix du cahier séparé est de 3 francs.

24 206. — Typographie A. Lahure, rue de Fleurus, 9, à Paris.

www.ingramcontent.com/pod-product-compliance
Lightning Source LLC
Chambersburg PA
CBHW052056090426
42739CB00010B/2205